Alain Lieur

Fanny de L

PSYCHOLOGIE COGNITIVE DE L'ÉDUCATION

2e édition
entièrement
revue et actualisée

DUNOD

ISBN 978-2-10-053312-1

Sommaire

Chapitre 3
Lecture et compréhension

Chapitre 4
L'intelligence et la résolution de problèmes

Chapitre 5
Contexte scolaire et fonctionnement psychologique

Introduction

La psychologie de l'éducation concerne les résultats et les théories susceptibles de mieux comprendre l'activité de l'élève et les interactions entre celui-ci et son environnement scolaire, du maître à l'institution elle-même. Ce thème est l'objet d'un intérêt croissant du point de vue de la recherche, puisque 3 000 titres sont consacrés explicitement à la psychologie de l'éducation, sur 40 000 publications au niveau international en psychologie par an. Certains thèmes touchant à l'éducation (mais pas seulement) ont un succès explosif : les publications annuelles sur la mémoire sont passées d'environ 900 dans les années 1967-1977 jusqu'à 3 400 publications par an entre 1998 et 2004 ; dans le même temps, celles consacrées à l'apprentissage passaient de 3 300 à près de 5 500.

Quant au public de l'éducation, il est également très large : les enseignants et les parents, et naturellement les étudiants, à qui ce livre est principalement destiné. Ainsi les enquêtes réalisées à l'université Rennes 2 ont montré que, selon les années, un à deux tiers des étudiants de psychologie s'inscrivant en première année ont l'intention de se préparer au métier d'enseignant. Par exemple, dans l'enquête la plus récente (rentrée 1999-2000, données d'enquête du Service d'information et d'orientation de l'université Rennes 2) (merci à Sylvie Dagorne), environ 50 % des principaux métiers envisagés par les étudiants de psychologie à leur entrée concernent l'éducation et la formation (figure 1).

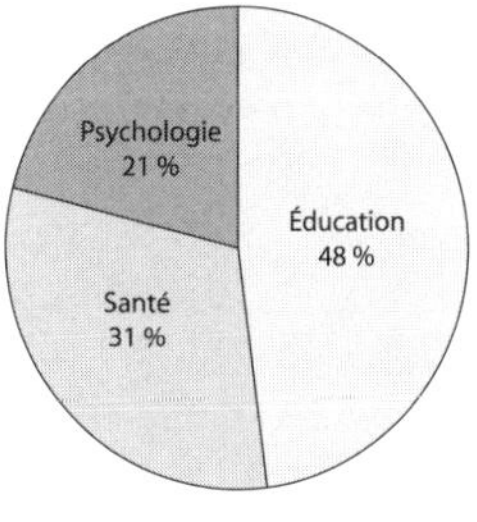

Figure 1
Type d'emplois envisagés par les étudiants de première année de psychologie (année 1999-2000) à l'université de Rennes 2

Le détail des emplois montre que le plus demandé est celui de professeurs des écoles (tableau 1) :

Tableau 1
Type d'emplois envisagés par les étudiants de première année de psychologie de Rennes (année 1999-2000) (remarque : les statistiques de ce tableau ont été corrigées pour que le total fasse 100 %)

Psychologie	**21 %**	**Éducation**	**49 %**	**Social et santé**	**30 %**
Psychologue	15,6	Professeur des écoles	20	Métier dans le social	10,1
Psychologue scolaire	2,1	Éducateur spécialisé	10,9	Infirmière	7
Psychothérapeute	1,1	Formation	7,6	Puéricultrice	2,7
Psychanalyste	0,9	Éducateur jeunes enfants	5,5	Assistante sociale	2,7
Psychomotricien	0,7	Éducateur protection judiciaire	1,6	Orthophoniste	2,5
Psychiatre	0,4	Conseiller d'éducation	1,4	Paramédical	2,5
		Animateur	1	Carrières sociales	2,2
		Moniteur-éducateur	0,7	Conseiller familial	0,7

Cet attrait pour un métier dans le domaine de l'éducation, en particulier celui d'enseignant, est souvent bien plus important dans d'autres disciplines (tableau 2 ci-contre).

Tableau 2
Le métier d'enseignant (%) est le plus souhaité par les étudiants de première année toutes disciplines confondues à l'université Rennes 2 (année 1999-2000)
(le pourcentage pour la psychologie n'est pas de 21 %, comme dans le tableau 1, car les étudiants pouvant avoir plusieurs choix, le total des métiers choisis peut ici dépasser 100 %)*

Filières	Professeur collège et lycée	Professeur des écoles
Anglais	80	15
Espagnol	77	20
Histoire	63	25
Géographie	64	23
Psychologie		59*
Sociologie	24	57
Lettres modernes	53	44
Lettres classiques	83	17
Histoire de l'art	100	
Musique	83	
Arts du spectacle	100	
STAPS	94	4

De même, dans d'autres universités, comme à l'université Charles-de-Gaulle-Lille – 3, 64 % des étudiants sur les 2 580 entrant à l'université déclarent envisager de devenir enseignant (enquête réalisée par le service OFIVE-université de Lille 3), (merci à Fabien Fenouillet pour la communication de ces statistiques). Le rapport indique que les données sont similaires à celles d'une enquête réalisée en 1999, ce qui montre la stabilité des choix. On retrouve comme à Rennes l'importance du choix du métier d'enseignant dans des filières comme lettres, histoire, langues et arts, et environ 50 % de ce choix par les étudiants de psychologie (tableau 3).

Tableau 3
Le métier d'enseignant (%) est également le choix majoritaire à l'université Lille 3

Filières	Profession enseignant
Langues	90
Histoire	81
Psychologie	52
Lettres	87
Histoire de l'art	94
AES	46
Philosophie	69

Et pourtant, le manque de formation scientifique chez beaucoup d'acteurs de l'éducation a fait que des méthodes ont pu être (ou sont) largement diffusées sans évaluation scientifique, comme certaines méthodes de lecture (ELMO, méthodes de lecture rapide, etc.) qui prétendent élargir le champ visuel, alors que celui-ci, dépendant de limites physiologiques (la fovéa) (*cf.* chapitre 3), ne peut évidemment pas changer, pas plus que le myope ne peut corriger son défaut optique par une quelconque méthode pédagogique. Des centaines de millions sont dépensés pour des manuels scolaires, dont des évaluations (*cf.* chapitre 2) montrent que certains sont éminemment surchargés au collège (ce qui n'est pas le cas en primaire). De même, la pédagogie navigue à vue en bien des circonstances. Beaucoup d'enseignants, par exemple, ne savent pas si la répétition est bénéfique pour les enfants : après avoir généralisé la répétition dans les siècles passés, la mode est plutôt à la supprimer pour accorder la primauté à la compréhension. La mémoire, qui commence à être valorisée dans les instructions ministérielles auprès des inspecteurs, continue souvent à être vue de façon restrictive, comme l'apprentissage par cœur par exemple.

La grande majorité des enseignants est cependant désireuse de progrès et recherche, parfois avec passion, à faire des stages de formation permanente, prenant sur les week-ends et les vacances. Des institutions comme l'AGIEM (Association générale des instituteurs), les IUFM, des revues comme les *Cahiers pédagogiques* font appel à des scientifiques pour réfléchir ou perfectionner la pratique. Mais d'autres, formateurs improvisés ou commerciaux, profitent de cet engouement et font payer, parfois fort cher, des méthodes qui sont soit scientifiquement fausses (la gestion mentale de la Garanderie, *cf.* chapitre 2), soit qui avaient un début de justification théorique (PEI, ARL) mais dont l'expérimentation sur le terrain montre de grandes limites. Le chercheur doit lui aussi être modeste, car l'application trop rapide de théories séduisantes (mais dont l'avenir a montré les limites), comme la théorie de Piaget et les mathématiques modernes, peut se montrer très risquée.

Bref, si la recherche scientifique doit émettre des propositions d'amélioration pour la pédagogie, elle doit le faire de façon circonspecte en collaboration avec les acteurs de l'éducation, après validation sur le terrain, adaptation, et en interaction avec les objets de la pédagogie (didactique).

Chapitre 1

L'enfant et l'école

Les nouveaux programmes (2002) réaffirment l'organisation de la scolarité des élèves sous forme de trois cycles distincts (cycles I, II et III) fédérée par le projet d'école (*Bulletin officiel*, n° 22 du 31 mai 1990, circulaire n° 90-039 du 15 février 1990). Le cycle 1, ou cycle des apprentissages premiers, regroupe les classes de petite section de maternelle (PS), moyenne section de maternelle (MS) et grande section de maternelle (GS). Le cycle 2, ou cycle des apprentissages fondamentaux, regroupe les classes de grande section de maternelle (GS), cours préparatoire (CP) et cours élémentaire 1re année (CE1). Enfin, le cycle 3, ou cycle des approfondissements, regroupe les classes de cours élémentaire 2e année (CE2), cours moyen 1re année (CM1) et cours moyen 2e année (CM2) (tableau 1).

Tableau 1
Les cycles à l'école

Cycle 1 : cycle des apprentissages premiers	**Âge moyen**	**Cycle 2 : cycle des apprentissages fondamentaux**	**Âge moyen**	**Cycle 3 : cycle des approfondissements**	**Âge moyen**
Petite section de maternelle (PS)	3 ans	Grande section de maternelle (GS)	5 ans	Cours élémentaire 2e année (CE2)	8 ans
Moyenne section de maternelle (MS)	4 ans	Cours préparatoire (CP)	6 ans	Cours moyen 1re année (CM1)	9 ans
Grande section de maternelle (GS)	5 ans	Cours élémentaire 1re année (CE1)	7 ans	Cours moyen 2e année (CM2)	10 ans

Le dispositif basé sur une organisation en cycles date de la loi d'orientation de 1989 et a pour objectifs :

– de développer une harmonisation entre l'école maternelle et l'école primaire ;

– de mieux prendre en compte chacun des élèves dans son développement et ses apprentissages, de respecter les rythmes d'apprentissage de chacun et d'individualiser leurs apprentissages ;

– de permettre que les apprentissages aient lieu dans la continuité et la cohérence des enseignements, d'une année à l'autre du cycle ;

– de compenser les différences « socioculturelles » ;

– et de laisser aux enseignants une plus grande liberté dans l'organisation des apprentissages de tous les élèves.

Améliorer la réussite scolaire de « tous » les élèves, tel est donc l'objectif majeur de cette organisation en cycles. Pour ce faire, les enseignants disposent d'un certain nombre d'outils. Les évaluations (régulières de la classe ou nationales) en font partie et constituent une aide précieuse pour l'enseignant qui va pouvoir évaluer les acquis de ses élèves et mettre en place des suivis adaptés, mise en œuvre qui implique donc la nécessité de différencier le travail. Pour procéder à ces évaluations, l'institution propose aux enseignants des aides tels que les fascicules « Aide à l'évaluation des élèves » disponibles pour chacun des cycles et la banque d'outils d'aide à l'évaluation disponible sur le site Internet : http://education.gouv.fr/banqoutils (nom d'utilisateur : outils ; mot de passe : dpd).

L'intérêt d'une organisation de la scolarité en cycles réside dans le fait qu'elle permet une adaptation à la diversité des élèves et une réponse aux besoins de chaque élève. Dans cette perspective, nous pouvons nous demander si ce dispositif est cohérent ou non avec les grandes théories du développement cognitif (ou intellectuel) de l'enfant.

I. LE DÉVELOPPEMENT INTELLECTUEL DE L'ENFANT D'ÂGE SCOLAIRE

1. Une approche constructiviste : la théorie piagétienne

Pour Jean Piaget, l'enfant construit, tout au long de son développement, des outils cognitifs qui vont lui permettre de s'adapter à son environnement. De ce point de vue, on peut considérer que l'enfant est activement engagé dans l'élaboration de ses savoirs. L'interaction entre l'enfant et son milieu favorise cette construction.

J. Piaget définit le concept d'intelligence en terme de capacité d'adaptation au milieu. Cette adaptation, qui permet à l'individu de construire ses connaissances, s'opère par le biais de deux processus : l'assimilation et l'accommodation des schèmes : « Le schème est une structure ou une organisation des actions telle qu'elle se transfère ou se généralise lors de la répétition de cette action en des circonstances semblables ou analogues » (Piaget, 1936). Prenons l'exemple du schème de la succion : le bébé suce le biberon mais peut aussi sucer d'autres objets tels que son pouce ou divers objets. Le schème est ce qui est commun à l'activité de succion, quel que soit l'objet. Dans le cas de la succion : ouvrir la bouche, la refermer sur l'objet et sucer. Si un élève rencontre une situation nouvelle (situation scolaire ou situation de la vie quotidienne), il va essayer de s'adapter, d'assimiler le problème à ce qu'il connaît déjà. Il y aura assimilation si les informations nouvelles n'entrent pas en contradiction avec les structures cognitives en place : elles seront alors intégrées aux structures existantes. Lorsqu'il n'y a pas de concordance entre les informations ou situations nouvelles et les structures préexistantes, le système cognitif est obligé de se modifier pour ajuster les nouvelles données aux structures déjà en place : c'est l'accommodation. Il y a accommodation, dès que l'on rencontre un obstacle, une situation nouvelle et que les outils cognitifs dont on dispose ne nous permettent pas de la traiter. Il est nécessaire alors de réorganiser ses outils cognitifs existants.

Dans cette perspective, apprendre consiste donc à reconstruire, réorganiser ce que l'on sait déjà. André Giordan considère qu'« apprendre est toujours un processus de construction et de déconstruction ». De ce point de vue, il est nécessaire de présenter aux élèves des activités qui les incitent à réorganiser leurs outils cognitifs, des activités dites « contraignantes » dans la mesure où ils ne disposent pas encore de la totalité des outils nécessaires à leur réalisation. Cette étape de réorganisation des structures intellectuelles s'avère déstabilisante pour les élèves en difficulté.

On observe donc, chez tout système cognitif humain, une alternance entre états d'équilibre (assimilation) et états de déséquilibre (accommodation), qui nous amène à une autre notion centrale de la théorie de Piaget : la notion de stade de développement. Pour Piaget (1955), le stade est « une structure d'ensemble qui rend compte de l'ensemble des acquisitions pendant une période donnée ». Il définit trois stades de la naissance à l'adolescence :

– le stade de l'intelligence sensori-motrice de la naissance à 2 ans ;

– le stade de l'intelligence concrète entre 2 et 11 ans ;

– le stade de l'intelligence formelle de 11-12 ans à 15-16 ans.

Ces stades se succèdent dans le même ordre chez tous les enfants, mais la durée d'un stade peut varier d'un enfant à l'autre. Ce découpage du développement en terme de stades renvoie au fait que l'on ne peut pas tout apprendre à n'importe quel moment du développement et que l'apprentissage dépend du degré de maturation des fonctions cognitives.

La transition entre le stade de l'intelligence sensori-motrice et celui de l'intelligence concrète est marquée par l'émergence de la fonction symbolique : l'enfant devient capable de se représenter mentalement les objets. L'image mentale, l'imitation différée (imitation en l'absence du modèle), le langage (entre 2 et 4 ans, le vocabulaire de l'enfant passe de 200 à 2 000 mots), le dessin et le jeu symbolique (faire semblant de, faire comme si...) constituent les cinq manifestations de cette fonction symbolique. Au stade précédent, l'intelligence de l'enfant était une intelligence basée sur l'action, désormais elle devient peu à peu réfléchie, représentative. L'enfant ne va plus être obligé de manipuler physiquement les objets, et ce de façon systématique, pour comprendre son environnement. Il va devoir reconstruire, au plan de la représentation, tout ce qu'il avait acquis sur le plan de l'action (par exemple : un enfant de 4 ans qui est tout à fait capable de parcourir seul le chemin de chez lui à son école sera incapable de reproduire ce trajet au moyen d'objets miniaturisés).

Au cours du stade de l'intelligence concrète, la pensée de l'enfant subit des modifications importantes : non seulement les actions sont intériorisées mais en plus elles deviennent réversibles. La réversibilité correspond à la capacité d'exécuter mentalement une même action dans les deux sens de parcours en ayant conscience qu'il s'agit de la même action (par exemple : si A correspond à B, alors B correspond à A ; si j'enlève 1 à 0 et que j'ajoute 1, alors je reviens à 0). L'activité cognitive de l'enfant devient opératoire, lorsqu'elle est réversible et qu'elle repose sur des invariants.

- **Les invariants du monde physique**

Les épreuves classiques piagétiennes permettent de mettre en évidence cette notion d'invariants ou de conservation. On présente à l'enfant deux boulettes de pâte à modeler identiques A et B. On s'assure que l'enfant perçoit les deux boulettes comme étant identiques et, devant lui, on transforme l'une des deux boulettes (B) en boudin, galette ou plusieurs petites miettes. On lui demande si c'est la même chose ou pas. Avant 5-6 ans, l'enfant est « non conservant », il est persuadé que la transformation effectuée sur B a modifié la quantité de substance (quand B a la forme du boudin, l'enfant dit que B est plus long, donc qu'il y a plus de pâte qu'en A) : il est centré sur les configurations perceptives (l'aspect). Vers 6 ans, l'enfant fournit des réponses intermédiaires, il alterne entre conservation et non-conservation, et quand il lui arrive d'apporter une réponse de conservation, elle ne résiste pas si on le perturbe en mettant en doute sa réponse. Il faut attendre 7-8 ans pour que l'enfant constate l'équivalence entre les deux boulettes, quelle que soit la transformation effectuée sur B. On dit qu'il « conserve » la substance. L'enfant peut fournir trois types d'arguments pour justifier sa réponse :

– la réversibilité par inversion : « on peut remettre B comme elle était avant et elle sera comme A » ;

– la réversibilité par réciprocité des relations ou compensation : dans le cas de la galette par exemple, l'enfant dit : « B est plus mince et plus large, mais A est plus gros et moins large alors ça fait autant » ;

– l'identité simple ou additive : « c'est la même pâte à modeler », « on n'a rien enlevé et on n'a rien ajouté ».

Piaget a également étudié d'autres types de conservation, telles la conservation du poids (acquise vers 9-10 ans) et la conservation du volume ou des liquides (acquise vers 11-12 ans). Quel que soit le contenu considéré, l'acquisition de toute notion de conservation suit le même schéma général, à savoir une réponse centrée sur les configurations perceptives, suivie d'un niveau intermédiaire puis d'un niveau opératoire des réponses fondées sur l'identité et la réversibilité (par inversion ou par réciprocité des relations).

• L'intelligence formelle

Après l'acquisition des invariants (et au même moment des opérations concrètes), l'enfant accède au stade de l'intelligence formelle qui se confond à la fin de sa construction, vers 14-15 ans, avec celle de l'adulte. Ce stade est marqué par l'apparition du raisonnement hypothético-déductif. Le raisonnement de l'adolescent ne s'appuie plus exclusivement sur des objets concrets mais peut s'appliquer à des propositions, des énoncés verbaux. La pensée hypothético-déductive qu'il met en place correspond à une démarche expérimentale : pour déterminer la véracité des énoncés, il émet des hypothèses, les met à l'épreuve en expérimentant, émet des déductions, obtient des résultats et en tire des conclusions.

Le raisonnement hypothético-déductif est caractérisé par l'apparition de deux structures nouvelles : la combinatoire, d'une part, et le groupe INRC (ou groupe des deux réversibilités), d'autre part.

• La combinatoire

L'épreuve des permutations met en évidence l'acquisition de la combinatoire. Elle consiste à présenter à l'enfant des jetons de couleurs différentes, en lui demandant de les combiner deux à deux et de trouver le plus de combinaisons différentes possibles. On lui demande également de vérifier leur hypothèse une fois émise et de trouver la loi qui permet de parvenir à la solution. Les enfants du stade précédent ne parviennent pas au résultat, c'est-à-dire qu'ils n'envisagent qu'une partie des combinaisons possibles et non la totalité, car ils procèdent par tâtonnement et non de façon rigoureuse et systématique. En revanche, dès l'âge de 11 ans, les adolescents procèdent de façon systématique, en tenant compte de toutes les combinaisons possibles les unes après les autres et dans l'ordre. La combinatoire, une fois acquise, permet également de combiner entre elles des idées et des propositions et constitue, en ce sens, un renforcement important de la pensée de l'enfant.

• Le groupe INRC

Pour mettre en évidence ce que Piaget a appelé le groupe INRC, ou groupe des deux réversibilités, prenons un exemple fréquemment cité.

Soit une planchette et un escargot qui avance dessus : il s'agit du premier mouvement appelé I pour identique. S'il effectue ce même trajet en sens inverse, on parle alors de mouvement inverse appelé N pour négation. Imaginons maintenant que l'on déplace la planchette dans le sens inverse du premier mouvement. Autrement dit, l'escargot avance dans un sens et on recule la planchette dans le sens inverse, proportionnellement à la distance parcourue par l'escargot. C'est comme si l'escargot n'avait pas avancé (par rapport à un point fixe sur la table) : dans ce cas, on compense le déplacement initial de l'escargot par celui de la planchette : on parle de mouvement R pour réciprocité. Enfin, on pourrait aussi effectuer ce mouvement de la planchette dans le même sens que I (c'est-à-dire en sens inverse de R) : on avance la planchette dans le même sens que celui de parcours de l'escargot ; autrement dit, on cumule avec le mouvement I : on parle de mouvement C pour corrélative de I.

Quand on propose cette tâche à l'enfant du stade précédent, il parvient à raisonner correctement soit sur les mouvements de l'escargot (I et N), soit sur les mouvements de la planchette (R et C), mais ne peut pas tenir compte et coordonner les quatre mouvements. Il ne peut pas comprendre que l'avancée de l'escargot peut être compensée par un recul de la planchette. Dès 11-12 ans, en revanche, l'adolescent peut envisager l'ensemble des quatre déplacements, leur coordination et leur compensation. L'adolescent est parvenu à un état d'équilibre terminal de la construction de l'intelligence. L'adulte continue de se développer, mais, pour Piaget, on n'observe plus de changements de structures.

Par la mise en évidence des stades de développement et de leur succession, Piaget a montré qu'il existait une hiérarchie des structures cognitives construites par l'enfant. Autrement dit, l'enfant ne peut pas tout apprendre à n'importe quel moment de son développement. Puisque tous les enfants passent par tous les stades décrits par Piaget, on ne pourra l'amener à un niveau de raisonnement n + 1 que si l'on démarre au niveau n. Si l'on se rend compte qu'un enfant se trouve à un niveau de raisonnement inférieur (n – 1), on devra faire en sorte qu'il parvienne au niveau n avant de vouloir le faire passer au niveau n + 1.

L'approche constructiviste place donc l'élève au centre des activités d'apprentissage. Les connaissances se construisent sur la base des connaissances antérieures des enfants ; c'est pourquoi il est important d'évaluer les prérequis conceptuels des enfants et de tenir compte de leurs représentations et de leurs conceptions qui peuvent soit servir de point d'ancrage, soit faire obstacle à l'acquisition de connaissances nouvelles.

Pour les constructivistes, la situation d'apprentissage ou situation-problème peut constituer, à un moment donné du développement de l'enfant, un réel inassimilable par les outils cognitifs dont il dispose. À ce moment-là, une accommodation des schèmes peut alors avoir lieu. L'approche constructiviste, et plus particulièrement la théorie de Piaget, accorde une place importante à différents facteurs de développement tels que la maturation, l'expérience, le milieu ou encore l'équilibration des structures cognitives par assimilation et accommodation. Cependant, l'une des limites du modèle piagétien est d'envisager la construction des savoirs comme le résultat de l'interaction entre le sujet apprenant et son milieu et de n'accorder aucune place aux interactions sociales.

2. Les approches socioconstructivistes

À la différence de Piaget qui envisageait le développement et la maturation comme la condition nécessaire à tout apprentissage,

Vygotski considère le développement comme une conséquence des apprentissages. Il accorde une place centrale aux situations sociales (dont les situations scolaires) qui permettent à tout individu de construire son appareil psychique. Pour lui, « la vraie direction du développement ne va pas de l'individuel au social, mais du social à l'individuel » (Vygotski, 1962 ; trad. franç. 1984). La part confiée aux interactions est donc évidente. Vygotski prolonge sa thèse en développant le concept de « zone proximale de développement » (ZPD) qui a permis de définir une nouvelle articulation entre le développement et l'apprentissage. Cet auteur prétend que c'est l'apprentissage qui contribue au développement et que, par conséquent, il le précède.

Vygotski distingue deux situations d'apprentissage :

– celle où l'enfant peut apprendre et faire seul certaines activités ;

– celle où l'enfant ne peut apprendre et faire une activité qu'avec l'aide d'un adulte ou d'un pair plus âgé.

La distance entre ce que l'enfant peut effectuer seul et ce qu'il est capable d'effectuer avec l'aide d'une personne extérieure est appelée la ZPD et constitue l'espace dans lequel doit s'effectuer l'apprentissage. Pour Vygotski (1962 ; trad. franç. 1984), « ce qu'un enfant peut faire aujourd'hui en collaborant avec autrui, il peut le faire seul demain ». En dehors de cette zone, l'enfant ne peut pas réussir, même avec l'aide d'autrui. L'évaluation des acquis des élèves par les enseignants s'avère donc une condition préalable nécessaire à toute conception d'apprentissage. Elle va permettre de savoir ce que les élèves sont capables d'accomplir en autonomie et ce qu'ils ne sont capables de réaliser qu'avec l'aide du maître et ainsi de leur proposer des activités situées dans cette ZPD et non en dehors.

Le langage tient donc une place centrale dans la théorie de Vygotski, puisque c'est en plaçant l'enfant dans une situation de tutelle, au cours de laquelle les interactions langagières entre l'adulte et l'enfant (enseignant-élève) ou entre pairs (élève-élève) jouent un rôle extrêmement important, que les apprentissages seront possibles.

Dans la même lignée que les travaux de Vygotski, on peut citer ceux de Jérôme Bruner (1983) pour qui « apprendre est un processus interactif dans lequel les gens apprennent les uns des autres ». Il a ainsi développé la notion d'étayage qui implique, de la part de l'enseignant, un rôle important de médiation et de soutien auprès de l'élève. L'enseignant peut, par exemple :

– décomposer l'activité en sous-tâches afin de les rendre plus accessibles aux élèves ;

– faire ressortir certaines caractéristiques de la tâche afin de mettre l'élève sur la voie de la résolution ;

– l'aider à cheminer dans son raisonnement sans lui fournir la réponse à partir de ce qu'il a déjà effectué ;

– l'aider à verbaliser ses procédures de résolution afin de lui faire prendre conscience des stratégies nécessaires à mettre en œuvre et de lui permettre de les réinvestir.

Certains psychologues tels que Doise et Mugny ou Perret-Clermont, se sont intéressés à l'influence de situations au cours desquelles les interactions sociales permettent de générer un conflit sociocognitif. Ce type de conflit conduit l'apprenant à réorganiser ses conceptions antérieures et à intégrer de nouveaux éléments apportés par la situation. Le conflit sociocognitif résulte de la confrontation de points de vue sur un sujet provenant de différents individus placés en situation de dialogue (et non en situation de rivalité). Diverses études ont mis en avant que cette réorganisation des représentations pouvait provenir de deux types de déséquilibre :

– un déséquilibre interindividuel, lorsqu'il y a opposition entre deux individus ;

– un déséquilibre intra-individuel, quand un individu remet en question ses propres représentations.

Le conflit sociocognitif peut s'envisager dans des interactions enseignant-élèves mais aussi élèves-élèves ou lors d'activités en petits groupes. En permettant une prise de distance et une reconsidération de son point de vue grâce au dialogue et à l'argumentation des apprenants, la résolution d'un conflit sociocognitif entraîne un progrès cognitif et métacognitif.

En résumé, la relation entre développement de l'enfant et apprentissage peut être envisagée sous différents angles :

– l'approche constructiviste défendue par Jean Piaget considère que l'apprentissage est fonction du développement cognitif. Dans cette perspective, l'accent est mis sur l'action que l'enfant exerce sur son milieu ;

– dans l'approche socioconstructiviste défendue par Vygotski, ce n'est pas le développement qui précède l'apprentissage mais l'inverse. Dans cette perspective, le langage joue un rôle majeur dans le développement de l'enfant. Dans la lignée de Vygotski, Bruner stipule que l'apprentissage se construit à mesure que l'enfant comprend le sens des tâches à accomplir et prend conscience des procédures de résolution à mettre en œuvre. Le conflit sociocognitif constitue l'outil privilégié qui permettra à plusieurs individus en situation d'opposition de points de vue de se décentrer et de construire de nouveaux savoirs.

Un aperçu rapide des grandes théories du développement met en évidence le rôle important de la fonction symbolique dans le développement cognitif de l'enfant. Considérant les préoccupations des enseignants et des parents, nous choisissons de développer ici deux de ces manifestations : le langage et le dessin.

II. LE DÉVELOPPEMENT DU LANGAGE

Dans les nouveaux programmes, notamment à l'école maternelle, le langage est placé au cœur des apprentissages et apparaît comme le vecteur de la construction des savoirs. À ce titre, nous pensons qu'il est important de mieux cerner son évolution.

Au départ, l'enfant apprend à parler de façon non verbale, en communiquant avec sa mère puis avec son entourage. Il s'agit d'un apprentissage complexe qui suppose que l'enfant découvre et forme les mots, qu'il apprenne ce qu'ils signifient et enfin qu'il comprenne les règles susceptibles de les assembler.

On situe l'apparition du langage vers l'âge de 2 ans environ, simultanément à l'apparition de la fonction symbolique ou fonction sémiotique. De 0 à 2 ans, on parle de prélangage ou de système de communication prélinguistique caractérisé par des échanges de sourires, des dialogues vocaux, des activités posturales et gestuelles entre le bébé et son entourage. Cette période comporte quatre phases distinctes :

– de la naissance à 2 mois, l'enfant possède les formes les plus élémentaires de vocalisations que sont les cris, les pleurs et les sons végétatifs tels que la toux, les renvois ou la déglutition ;

– dès la fin du 2e mois, apparaît le babillage, appelé également vocalises, lallation ou gazouillis ;

– vers le 10e mois en moyenne apparaît le premier mot. Le répertoire lexical de l'enfant s'accroît ensuite lentement pour atteindre une vingtaine de mots vers 18 mois. D'après Smith (1926), on constate à partir de cet âge un développement important du vocabulaire qui passe à plus d'une centaine de mots vers 20 mois, pour atteindre près de 300 mots vers l'âge de 2 ans et environ 1 000 vers 3 ans. Jusqu'à 18 mois environ, l'enfant emploie un mot pour désigner un objet, une action ou une situation. On parle d'holophrase pour désigner ces productions à un mot, car, pour l'enfant, elles ont déjà valeur de phrase ;

– entre 18 et 24 mois, on voit apparaître la combinatoire qui conduit à des phrases de deux mots. Ces phrases sont prosodiquement et sémantiquement structurées (« Apu eau » pour « Il n'y a plus d'eau »).

Le langage proprement dit apparaît vers 2 ans et à partir de cet âge, le développement du langage porte essentiellement sur l'accroissement du lexique et l'organisation syntaxique des phrases. Le développement du lexique est spectaculaire et très rapide : il passe de 300 mots à 2 ans à plus de 2 500 à 6 ans. On estime que, pendant quatre ans, l'enfant acquiert en moyenne 1 à 2 mots par jour.

Dès l'âge de 3 ans, les éléments essentiels du langage sont mis en place : les enfants ont un certain vocabulaire et une certaine syntaxe. Ils sont capables d'élaborer de petites phrases, comprennent les règles complexes qui régissent les phrases, utilisent les mots abstraits, les mots de relation, sont capables de faire des phrases qu'ils n'ont jamais entendu auparavant, etc. Ils sont capables également d'utiliser les pronoms « je, me, moi », mais les pronoms possessifs ne sont pas encore complètement acquis ; ils sont accolés à l'adjectif qui leur correspond (exemple : « mon mien, ton tien » au lieu de « le mien, le tien »). De même, en réponse à la phrase « Cet été, on part en vacances à Montpellier », l'enfant pourra demander par exemple : « C'est où Tonpellier ? » Il faudra attendre 5-6 ans pour que l'utilisation des pronoms possessifs soit correcte.

Vers 6 ans, l'enfant emploie correctement les articles définis et indéfinis. Avant 6 ans, il s'en sert indifféremment avec une tendance fréquente à l'inversion entre les deux. En ce qui concerne les formes verbales, jusqu'à 4 ans, l'enfant utilise l'infinitif et l'impératif (« Donne ! »). À 4 ans, il utilise le futur périphrasique qui consiste à associer les verbes aller ou venir conjugués à l'indicatif avec un infinitif (« je va manger », « je va jouer »). Le véritable futur simple apparaîtra un peu plus tard. L'imparfait et le conditionnel apparaissent vers 5 ans-5 ans et demi.

En tant que facteur décisif de la réussite scolaire des élèves, l'acquisition du langage et la maîtrise de la langue sont au cœur des nouveaux programmes. Bien que l'accroissement du lexique soit extrêmement rapide, le processus qui permet à l'enfant de maîtriser le langage est très lent. Dès 2 ans, l'enfant sait parler mais son apprentissage de la langue est loin d'être terminé (les phrases passives n'apparaissent pas avant 6-7 ans, mais ne sont véritablement maîtrisées que vers 9-10 ans, et il faudra attendre l'âge de 13-14 ans pour que l'enfant parvienne à construire un texte argumentatif écrit). D'où l'importance d'un travail sur le lexique et la syntaxe (*cf.* chapitre 3, IV. L'élaboration du sens au niveau de la phrase et du texte, p. 59).

III. L'ÉVOLUTION DU DESSIN

Au même titre que le langage et le jeu, le dessin permet à l'enfant de communiquer et de raconter. Cette activité est caractéristique de l'enfance ; elle débute vers l'âge de 2 ans avec l'apparition de la fonction symbolique ou fonction sémiotique, se développe très vite au cours des années suivantes, puis a tendance à diminuer, voire disparaître au moment de l'adolescence. Il s'agit d'une activité importante puisque révélatrice de l'évolution de l'enfant tant au niveau psychomoteur qu'aux niveaux intellectuel et affectif.

Les nouveaux programmes accordent une place importante aux arts plastiques et au dessin en particulier. Au cycle 1, ils indiquent un certain nombre de compétences à développer : « entraînement à la précision dans les tracés, explicitation des formes, recherche des moyens d'indiquer des relations entre objets ou personnages dans le dessin, élaboration de codes graphiques spécifiques permettant d'améliorer la lecture du dessin par autrui, simplification d'un dessin pour distinguer l'important de l'accessoire, découverte de formes élémentaires de schématisation, interprétation des diverses formes de dessins utilisés dans les différentes formes de communication (logos, dessins et schémas documentaires...) ». Au cycle 2, il est préconisé de pratiquer le dessin avec des moyens différents tels que le crayon, le fusain, la craie d'art, le pastel, etc., et au cycle 3, d'aider l'élève à choisir sa propre conduite de création en passant notamment par le dessin.

De nombreux auteurs se sont attachés à décrire l'évolution des caractéristiques des dessins avec l'âge. Nous retiendrons la description de Luquet (1927) qui, quoique ancienne, demeure une référence dans le domaine de la production graphique. Il envisage l'évolution du dessin comme la succession de cinq stades distincts :

– stade du gribouillage (à partir de 1 an) : les progrès psychomoteurs réalisés par l'enfant lui permettent d'effectuer ses premiers tracés dès la fin de la première année. L'enfant n'attribue alors aucune signification particulière à ses dessins ;

– stade du réalisme fortuit (entre 2 et 3 ans) : la signification que l'enfant attribue à ses dessins est très arbitraire. C'est parce qu'il trouve qu'il existe une ressemblance entre son dessin et un objet qu'il connaît qu'il attribue une signification à son dessin. Il existe souvent peu ou pas de rapport entre la configuration de son dessin et la signification qu'il lui confère ;

– stade du réalisme manqué (4 ans) : au travers de ses dessins, l'enfant tente de représenter le monde qui l'entoure, des objets qu'il connaît et d'être le plus réaliste possible. Il a l'intention de représenter quelque chose qu'il connaît, mais il échoue. En effet, entre ses intentions et sa production, il existe souvent un écart important, dû à ses capacités graphiques encore limitées ;

– stade du réalisme intellectuel (entre 4 et 8 ans) : grâce à ses progrès moteurs, intellectuels et le développement de ses capacités d'analyse, les dessins de l'enfant deviennent de plus en plus réalistes et complets ;

– stade du réalisme visuel (entre 9 et 12 ans environ) : il représente la réalité de façon de plus en plus objective en utilisant notamment les lois de la perspective.

Au moment de l'adolescence, l'activité graphique devient moindre ; parfois, elle évolue, parce que l'adolescent a un projet professionnel dont le dessin fait partie.

Au regard des grandes théories du développement intellectuel de l'enfant, nous considérons que les dispositifs actuels d'organisation de la scolarité semblent adaptés. En respectant le rythme de développement et d'apprentissage de chaque enfant (découpage en cycles), en prenant en compte les besoins individuels des élèves (évaluation, mise en place de projets, différenciation pédagogique), en favorisant l'expérimentation (constructivisme) et en accordant un rôle majeur au langage et aux interactions sociales (socioconstructivisme), ces dispositifs visent à permettre la réussite de tous. Il n'en reste pas moins que leur mise en œuvre demeure complexe et nécessiterait d'importants moyens humains et matériels.

Chapitre 2

Mémoire et apprentissages scolaires

Alors que dans l'Antiquité et jusqu'à la Renaissance, la mémoire était la faculté la plus précieuse (le mot mémoire vient de la déesse Mnémosyne), ce concept a subi pendant quelques siècles une certaine désaffection au profit du raisonnement (intelligence). Au sens populaire, y compris à l'école, la mémoire est souvent alors réduite au sens d'apprentissage « par cœur ». Dans la première partie du XXe siècle, les psychologues ont eu tendance à dévaloriser l'importance de la mémoire par rapport à l'intelligence ; par exemple, le psychologue anglais Spearman défend l'idée d'un facteur général de l'intelligence correspondant au raisonnement, et Piaget pense que la mémoire est subordonnée aux schèmes de l'intelligence. Dans les années 1960, tout change à nouveau dans le cadre du traitement de l'information (télécommunications, ordinateur, etc.) où certains chercheurs vont jusqu'à penser, à l'inverse, que l'intelligence est permise par la mémoire. Dans cette perspective, il apparaît qu'il n'existe pas une seule mémoire mais une hiérarchie de plusieurs mémoires spécialisées : des mémoires sensorielles à des mémoires abstraites…

I. L'ARCHITECTURE MODULAIRE DE LA MÉMOIRE

1. Visuel ou auditif ?

Certains pédagogues d'orientation philosophique (*cf.* A. de La Garanderie, *Les Profils pédagogiques*, Paris, Centurion, 1964) sont convaincus que les élèves ont principalement deux modes d'évocation, visuel ou auditif. L'échec scolaire surviendrait lorsque l'enseignement serait surtout visuel pour un élève auditif, ou inversement. Cette conception est le reste fossile de l'ancienne théorie du neurologue Charcot qui, vers le milieu XIXe siècle, a influencé le monde littéraire ; on parle depuis de type visuel, auditif, olfactif, moteur, etc. Cette conception est populaire car elle rejoint l'idée commune que nous avons une mémoire « photographique visuelle ».

Cependant, les expériences font apparaître que ces mémoires sensorielles sont limitées et surtout très éphémères. La mémoire sensorielle visuelle (ou iconique) ne dure que 250 millisecondes (millièmes de secondes), alors que la mémoire auditive durerait environ 2 à 3 secondes, c'est-à-dire dix fois plus. Ainsi, à court terme (moins de 5 secondes), une présentation visuelle (sur écran) de lettres ou mots est moins efficace qu'une présentation auditive (mots entendus). À l'inverse, les expériences révèlent qu'au bout de plusieurs secondes (environ 10 secondes et plus), le mode de présentation visuel ou auditif ne crée plus de différences : les deux modes sont équivalents. L'explication en a été donnée par le chercheur anglais John Morton, avec la théorie que les informations visuelles ou auditives sont rapidement fusionnées dans un code symbolique supérieur : le code lexical (du grec *lexi*, mot). La mémoire peut ainsi être représentée comme une sorte de « gratte-ciel » où chaque étage est un module qui construit les informations de manière plus élaborée et en garde la mémoire (figure 1).

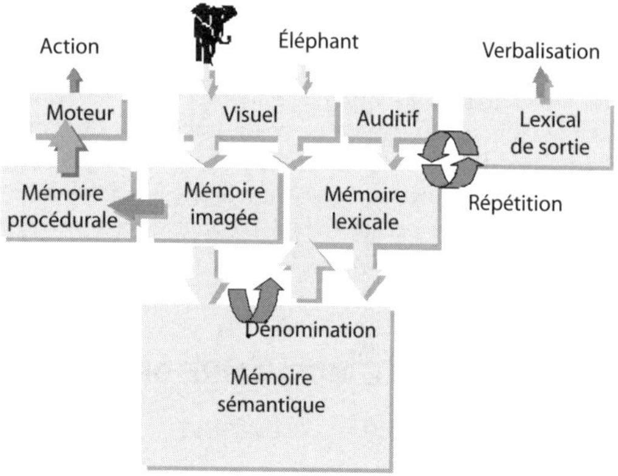

Figure 1
Les modules de la mémoire
(simplifié d'après Lieury, 1992, 2004)

La fonction de la mémoire lexicale est double : elle stocke tous les mots et permet également de reconnaître les mots comme identiques, qu'ils soient présentés visuellement dans la lecture, ou auditivement dans une conversation ou à la radio. Si, au contraire, nous avions une mémoire visuelle et une mémoire auditive séparées, le mot « bateau » lu ne correspondrait pas au mot « bateau » entendu ! On a tout intérêt sur le plan pédagogique à donner les mots sous le format le plus riche possible, c'est-à-dire visuel (orthographique) et auditif (phonologique) pour la fabrication de la morphologie complète du mot en mémoire lexicale.

2. Faut-il répéter pour apprendre ?

S'il existe une mémoire lexicale d'entrée, d'autres expériences indiquent qu'il existe un autre système pour la sortie, à l'instar de l'imprimante pour l'ordinateur, c'est le lexical de sortie, ou système vocal, qui permet la vocalisation. Ainsi, quand nous lisons ou entendons des informations, elles sont vocalisées. Quand nous avons l'impression d'entendre « auditivement » dans notre tête, c'est de notre propre parole qu'il s'agit ; ainsi, les mots sont réinjectés dans notre mémoire lexicale. Ce va-et-vient, ou boucle vocale (figure 1), sert donc de mémoire auxiliaire (par exemple quand nous répétons un numéro de téléphone) et est appelé « mémoire de travail » par le chercheur anglais Allan Baddeley. Cette mémoire sert en particulier à conserver des chiffres pendant le calcul ou à conserver quelques mots le temps de les organiser ou d'en chercher le sens dans une autre mémoire (*cf. infra*).

Beaucoup d'enseignants pensent que la vocalisation est inutile, qu'elle ralentit la lecture et qu'elle correspond à une mémoire automatique et « bête » ; en conséquence il faudrait la supprimer. Cette opinion naît d'une confusion entre le mécanisme de subvocalisation et le traitement sémantique des mots, certains pensant qu'ils sont exclusifs. Or les recherches sont unanimes pour montrer que la vocalisation est nécessaire à la fois pour la mémorisation et pour la compréhension (*cf.* chapitre 3).

3. Mémoire sémantique, inférence et mémoire épisodique

Le mode le plus abstrait de représentation de l'information en mémoire n'a été que récemment découvert, dans les années 1970, par un informaticien, Ross Quillian, et un psychologue, Allan Collins : c'est la mémoire sémantique. La théorie de Collins et Quillian (1969, 1970, etc.) repose sur l'idée révolutionnaire que le sens des mots est stocké ailleurs que son unité lexicale, sa « carrosserie » en quelque sorte. Comment imaginer le stockage de quelque chose d'abstrait comme le sens ? La théorie repose sur deux principes. Le premier est le principe de hiérarchie catégorielle selon lequel les concepts de la mémoire sémantique sont classés de façon hiérarchique, les catégories étant emboîtées dans des catégories plus générales comme dans une arborescence : Canari dans Oiseau, Oiseau dans Animal. Selon le second principe, dit d'économie cognitive, seules les propriétés (ou traits sémantiques) spécifiques sont classées avec les concepts. Leur exemple type est célèbre, un canari est jaune ; donc la propriété « jaune » est classée avec le concept de « canari », tandis que des propriétés générales comme « a un bec », « a des ailes », etc., sont classées avec le concept d'« oiseau » (figure 2).

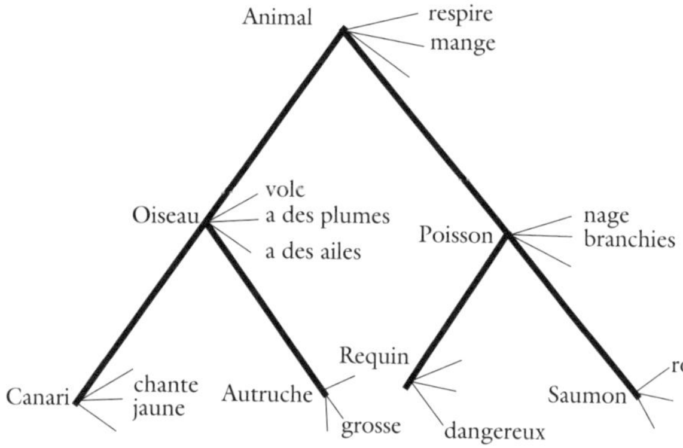

Figure 2
Exemple d'arbre conceptuel de la mémoire sémantique (d'après Collins et Quillian, 1969)

Dans ce modèle, la mémoire sémantique est organisée sous la forme d'une arborescence économique. La compréhension s'effectue de deux façons :

– soit un accès direct à l'information qui donne le sens : par exemple, on sait que le canari est jaune car l'information « jaune » est stockée ;

– soit par inférence : par exemple, si l'on demande si un canari a un estomac, le réseau sémantique sera activé pour trouver qu'un canari est un oiseau, donc un animal qui, par conséquent, doit avoir un estomac. L'information est reconstituée, déduite, à partir d'informations contenues dans d'autres parties de l'arborescence. L'inférence est une sorte de raisonnement, non par logique formelle, mais à partir d'un réseau de connaissances. C'est pourquoi certains chercheurs pensent que l'intelligence est basée sur la mémoire : plus la mémoire stocke de connaissances, plus les inférences sont variées et correctes.

Cependant, notre mémoire, et encore moins celle des enfants, n'est pas toujours très logique, et les concepts en mémoire sont liés entre eux par des relations très variées, les associations. Dès l'Antiquité, Aristote avait remarqué qu'un mot avait tendance à en évoquer un autre et ainsi de suite. De nombreuses études ont été ainsi menées afin d'observer les associations naturelles de notre mémoire. À une époque, on a cru que les associations des enfants reflétaient l'ordre des mots dans le langage, par exemple « table » évoque « manger », alors que celle de l'adulte met en jeu une association plus logique : « chaise » (Woodworth, 1949). Une étude dans des écoles de la région de Montpellier sur 1 200 enfants âgés de 9, 10 et 11 ans et 400 adultes âgés de 18 à 34 ans, confirme certaines différences, mais montre dans l'ensemble une grande ressemblance. Les sujets doivent associer le premier mot qui leur vient à l'esprit, pour 200 mots français. Voici un exemple pour le mot « animal » (de La Haye, 2003) :

Tableau 1

Réponses associatives des enfants de 10 ans à l'épreuve d'association libre simple. Exemple pour le mot-associant : animal (d'après de La Haye, 2003)

Mot-associant	**Réponses**	**%**
Animal	chien	17
	lion	14
	chat	11
	cheval	5
	animaux, bête, mammifère, singe, zoo	3
	dauphin, homme(s), jungle, oiseau(x), sauvage, vache, beau, carnivore, chasse, cochon d'Inde, domestique, éléphant, être, fleur, girafe, guépard, hamster, insectes, jaguar, joue, lapin, lièvre, louve, mignon, ours, panda	2
	poisson, renard, scorpion, tigre, viande, zèbre	1

Une comparaison des réponses dominantes (mot le plus fréquemment associé) entre les enfants et les adultes souligne une grande similitude, puisque les taux de recouvrement sont de 62,5 % à 9 ans, 63 % à 10 ans et de 68,5 % à 11 ans. En d'autres termes, les enfants de 11 ans ont 30 % d'associations différentes, tandis que ce nombre atteint 40 % chez les enfants de 9 à 10 ans (tableau 2). Ainsi se construit petit à petit le réseau de connaissances dans notre mémoire sémantique.

Tableau 2
Ressemblance des associations dominantes des enfants et des adultes.
Exemples d'associations semblables ou différentes de celles des adultes (d'après de La Haye, 2003)

Type d'associations	**Mot test**	**Réponses CE2**	**Réponses CM1**	**Réponses CM2**	**Réponses adultes**
Semblables	abeille	miel	miel	miel	miel
	dormir	lit	lit	lit	lit
	nuage	ciel	ciel	ciel	ciel
	pomme	fruit	fruit	fruit	fruit
	vélo	roue	roue	roue	roue
Différentes	barbe	à papa	moustache	moustache	moustache
	boire	eau	eau	eau	manger
	feu	pompier	pompier	pompier	flamme
	musique	chanson	danser	disque	note
	table	manger	manger	manger	chaise

Chez le tout jeune enfant, la mémoire sémantique n'est pas construite, le concept lui-même pourrait provenir de l'abstraction d'une autre mémoire : la mémoire épisodique. Cette théorie a été faite par Endel Tulving de l'université de Toronto au Canada, afin d'expliquer l'impression de « déjà vu », caractéristique de la reconnaissance (d'un mot ou d'une image parmi des pièges). Selon cette théorie, chaque fois qu'un mot, par exemple « canari », est appris dans une liste, vu à la télévision (*Titi et Gros Minet*) ou dans une animalerie, lu ici dans le paragraphe sur la mémoire sémantique, etc., il fait l'objet d'un enregistrement spécifique qui le rend individualisé des autres contextes (figure 3).

Les épisodes se multipliant, on peut imaginer que le concept générique d'un mot, par exemple « canari », est l'abstraction de ce qui est commun à tous les épisodes contenant « canari » ; c'est ainsi que se construirait la mémoire sémantique (théorie de l'emboîtement de la mémoire épisodique dans la mémoire sémantique, Lieury, 1979 ; *cf.* III., 3. Acquisition des connaissances et apprentissage multi-épisodique).

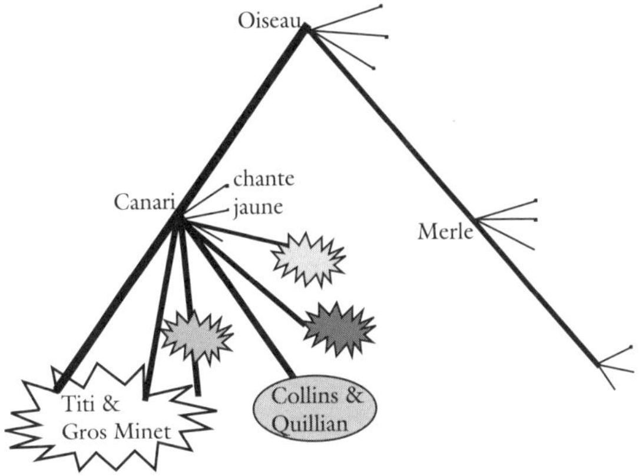

Figure 3
Théorie de l'emboîtement des épisodes dans la mémoire sémantique (d'après Lieury, 1979)

II. APPRENDRE PAR L'IMAGE ET PAR L'ACTION

1. La mémoire des images

Si la mémoire sensorielle visuelle (ou iconique), si fugitive, est relayée par la mémoire lexicale lorsqu'elle concerne les mots (vus), elle l'est par une autre mémoire pour les choses (objets, animaux, plantes, etc.) : la mémoire imagée. Bien qu'ayant mauvaise presse depuis Descartes, plusieurs chercheurs (Allan Paivio au Canada, Paul Fraisse et Michel Denis en France) ont montré que la mémoire des images (dessins, objets, image mentale) était en général supérieure à celle des mots.

Dans de nombreuses expériences, le rappel de dessins est aussi performant que le rappel de dessins simultanément verbalisés. Ce phénomène a permis d'expliquer la supériorité des dessins, en supposant que l'image est recodée verbalement en mémoire. Cette théorie a été appelée « double codage » par le Canadien Allan

Paivio. Ainsi, dans une représentation de la mémoire sous forme de modules spécialisés (figure 1), une image (éléphant sur la figure) est successivement traitée en mémoire iconique (ou sensorielle visuelle), puis en mémoire imagée. Le double codage signifie que l'image est interprétée dans la mémoire sémantique (« c'est un éléphant »), puis le mot correspondant est trouvé en mémoire lexicale et enfin prononcé dans la mémoire vocale (ou lexical de sortie).

La nécessité d'un double codage, c'est-à-dire d'un codage verbal de l'image, a des conséquences importantes en pédagogie. L'image n'a pas d'efficacité en soi, et la pédagogie traditionnelle avait bien découvert qu'il faut accompagner les schémas, cartes et figures (exemple : biologie ou histoire) par un codage verbal des concepts clés : les légendes. Dans certains cas, l'addition d'une image facilite la compréhension, mais, dans la plupart des cas, le langage est nécessaire, comme les recherches sur les supports multimédias le montrent (Jamet, 1998 ; Gaonac'h et Fayol, 2003).

2. Apprendre par l'action

« C'est au pied du mur qu'on voit le maçon ! » Ce proverbe bien connu reflète une idée prévalente dans la formation (soutenue récemment par le prix Nobel de physique Georges Charpak) qu'apprendre par l'action est plus efficace que par la parole.

Dans le sillage de la théorie du double codage, le chercheur allemand Engelkamp avait montré un meilleur rappel d'actions (j'ouvre la porte, je tourne les pages d'un livre…) par rapport à leur présentation imagée, elle-même supérieure à la présentation de phrases. Comme la supériorité des images est expliquée par un double codage (imagé + verbal), il a proposé la théorie du triple codage, l'action permettant un codage verbal, imagé plus un codage moteur. Cette théorie rejoint d'ailleurs de nombreuses recherches sur l'apprentissage sensori-moteur chez l'homme et la neuropsychologie, soulignant l'existence d'une mémoire procédurale, pour les apprentissages moteurs et les savoir-faire (*cf.* Lieury, 2004).

De même, il semble que l'action soit efficace au cours de l'apprentissage d'un savoir-faire comme dans le montage de schémas électriques. L'expérience est réalisée sur 60 élèves (CM2). L'apprentissage est verbal pour un groupe : les élèves apprennent à partir de la lecture d'un texte ; dans un autre groupe dit « imagé », les élèves apprennent grâce à un petit film montrant différentes démonstrations (montage électrique, électricité statique) et le commentaire verbal correspond au texte du groupe « apprentissage verbal ». Enfin, le groupe « action » réalise lui-même, sur les conseils de l'expérimentatrice, les montages et les manipulations (par exemple, démontrant l'existence de l'électricité statique avec un ballon et du poivre...).

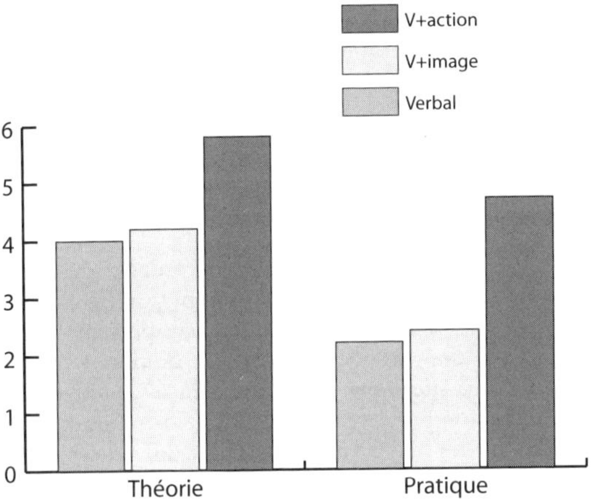

Figure 4
Efficacité de l'action pour la pratique mais non pour la théorie dans un cours sur l'électricité (d'après Boissière et Lieury, non publié)

Les savoirs et savoir-faire sont évalués par deux tests indépendants : l'un théorique constitué de questions à choix multiple (que se passe-t-il si on dévisse une ampoule lorsque trois ampoules sont montées en série ?), l'autre pratique où l'on demande des manipulations (construire un circuit avec deux ampoules pour donner la même luminosité...). Les résultats sont très intéressants, car ils montrent que l'apprentissage par l'action a peu d'effet dans le test théorique (figure 4), mais en revanche, le score est double grâce à l'apprentissage par l'action pour un test pratique exigeant des savoir-faire.

Les résultats s'expliquent bien dans la conception du triple codage : l'action ajoute une composante motrice dans le stockage (figure 1). L'action devient donc utile si la performance requiert des éléments moteurs, comme dans les phrases qui dénotent une action ou dans les savoir-faire.

À l'inverse, une autre expérience (Le Baud et Lieury, non publiée) révèle que l'action est inutile contrairement à notre idée première. Dans le cas de certaines notions comme l'apprentissage à résoudre des fractions, on aurait pu penser qu'utiliser des secteurs comme des parts de gâteau serait plus efficace qu'un apprentissage classique (verbal). Mais – et c'est là où l'on voit la nécessité de l'expérimentation –, il est des bonnes idées qui se révèlent fausses. L'action (ni la présentation imagée d'ailleurs) n'apporte d'amélioration au moment du test (dix fractions à calculer à chaque niveau) par rapport à la simple démonstration verbale pour des fractions simples. À l'inverse même, l'image et l'action semblent perturber l'apprentissage, lorsque celui-ci porte sur des notions plus abstraites, en particulier numériques pour les fractions difficiles (par exemple : $1/3 + 1/4 = 7/12$), dont la solution requiert le produit des dénominateurs.

En fait, l'apprentissage des fractions requiert des représentations abstraites, de type numérique ; par exemple, notre perception n'est pas assez fine pour détecter la différence apparente entre des parts de 1/12 et des parts de 1/13 et la résolution de la plupart des fractions nécessite donc des connaissances mathématiques : réduire une fraction requiert de connaître la division, et résoudre des fractions de niveau 5 (dénominateurs différents) de savoir multiplier. Comme dirait Raymond Devos, apprendre par l'action, c'est plus facile à dire qu'à faire !

III. ORGANISATION ET ACQUISITION DES CONNAISSANCES

La mémoire ne se décrit pas seulement en termes de modules spécialisés mais aussi en termes de dynamique de fonctionnement.

1. Mémoire à court terme et mémoire de travail

Au cours du fonctionnement dans le temps, la mémoire apparaît immédiatement dissociée en deux systèmes fondamentaux : une mémoire à court terme d'une capacité limitée (environ 6 à 7 éléments) mais avec un oubli en quelques secondes (d'où le nom de court terme) et une mémoire à long terme dont la capacité est extensible et où l'oubli est progressif en fonction du temps.

Le modèle classique consiste à représenter une mémoire à court terme d'une capacité de 7 éléments. Des opérations d'enregistrement à long terme, comme l'archivage d'un livre en bibliothèque, permettent un stockage en mémoire à long terme (figure 6). Sur le plan neurobiologique, une structure du cerveau, appelée « hippocampe » est indispensable pour ce stockage à long terme et est considérée à ce titre comme l'« archiviste » de la mémoire.

Qu'est-ce que la mémoire à court terme par rapport aux modules de la mémoire décrits précédemment ? Elle n'a pas dévoilé tous ses mystères, et les chercheurs ne sont pas unanimes. Certains, par exemple, relient sa capacité limitée à celle de l'attention. Il y a probablement plusieurs mécanismes, et le plus simple est de la considérer comme une mémoire spéciale, à l'instar de l'écran de l'ordinateur, pouvant activer une sous-partie des mémoires à long terme, en particulier les plus durables d'entre elles, la mémoire lexicale (y compris la boucle vocale), la mémoire imagée et la mémoire sémantique.

La mémoire à court terme ne sert pas à enregistrer de façon passive des informations. Elle sert à maintenir à court terme des éléments en vue d'une synthèse comme l'a particulièrement développé un chercheur anglais de Cambridge, Allan Baddeley. Par exemple, si je veux calculer mentalement 3 x 202, je suis obligé de retenir ces nombres en mémoire à court terme, le temps d'accéder en mémoire à long terme à des sous-résultats déjà stockés (par exemple, 3 x 2 = 6). De même, pour comprendre une phrase, il faut stocker temporairement plusieurs mots de la phrase le temps qu'il y ait accès sémantique en mémoire à long terme. Par exemple, dans le proverbe « Pierre qui roule n'amasse pas mousse », il faut lire la suite de la phrase pour comprendre que « pierre » n'est pas un prénom. Ainsi, différentes recherches ont montré que la compréhension dans la lecture était dépendante de la taille de la mémoire à court terme (Daneman et Carpenter, 1980). Pour souligner cet aspect opérationnel de la mémoire à court terme, beaucoup de chercheurs emploient le terme de mémoire de travail (vue un peu comme l'unité centrale d'un ordinateur).

2. Organisation et apprentissage

La limite de la capacité de la mémoire à court terme explique que nous ne puissions pas apprendre beaucoup d'éléments à la fois, il y a vite surcharge. Néanmoins, cette limite peut être dépassée en groupant les informations par paquets. Par exemple, si j'apprends *Nil, Tamise, Danube et Volga*, ces mots vont très vite être catégorisés en mémoire sémantique, et la mémoire à court terme pourra faire une économie en ne stockant que le nom de catégorie « Fleuves », ce qui constitue une seule unité au lieu de quatre (figure 6). Ainsi trois unités mémoire vont se libérer, laissant de la place pour l'enregistrement d'autres informations. Ce mécanisme d'apprentissage très puissant a été appelé « organisation » et est le moteur des apprentissages.

Sachant que, de toutes les mémoires, la plus puissante est la mémoire sémantique, l'organisation sémantique est le mode d'apprentissage le plus efficace, comme le met en évidence une expérience célèbre. Gordon Bower et ses collègues (1969) de l'université de Berkeley à Los Angeles ont fait apprendre une gigantesque liste d'environ 120 mots mais organisés en familles sémantiques, les animaux, les plantes, etc., subdivisées en super-catégories (plantes comestibles et décoratives), puis en sous-catégories (fleurs, arbres, etc.). Pour ne pas saturer la mémoire à court terme, le nombre de mots à chaque niveau n'excède pas quatre. Les performances sont impressionnantes, puisque 70 mots sont rappelés au premier essai contre une vingtaine dans un groupe contrôle où les mots sont mélangés. Dans le groupe organisé, la totalité de la liste est acquise dès le troisième essai d'apprentissage.

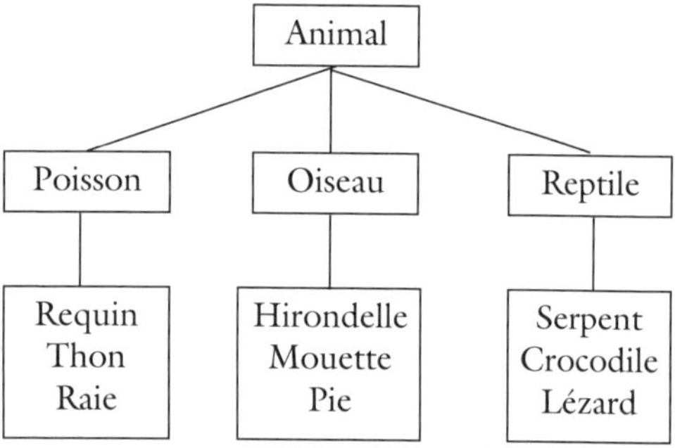

Dans une adaptation de cette expérience pour des enfants, trois planches de mots sont présentées à la suite, chacune présentant une petite hiérarchie sémantique avec une super-catégorie (animal) contenant trois catégories, elles-mêmes contenant trois mots (*cf.* exemple ci-dessous). Les trois planches représentaient les animaux, les aliments et les végétaux, soit un total de 39 mots (y compris les titres).

On constate que l'organisation sémantique n'est efficace que chez les élèves d'un certain âge. En CM1 (environ 10 ans), l'effet de l'organisation sémantique ne se voit pas (figure 5) : l'organisation en mémoire est donc possible seulement si les concepts sont suffisamment connus et déjà organisés en mémoire sémantique. Au contraire, dès la 6e et sans changement en 4e, l'organisation sémantique est très efficace permettant en trois essais un rappel d'environ 90 % contre 60 % pour le groupe où les mots sont mélangés.

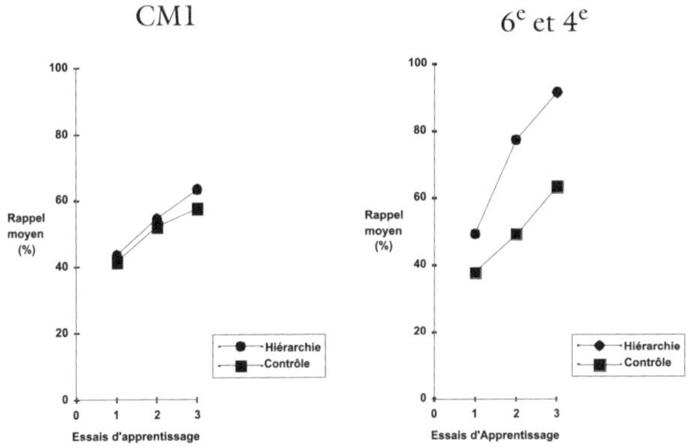

Figure 5
Efficacité de l'organisation sémantique chez les élèves en fonction de leur niveau scolaire (Lieury, Lemoine et Le Guelte, d'après Lieury, 1996)

Dès qu'il y a organisation, la capacité de la mémoire à court terme sert à la fois pour stocker des noms de catégories mais aussi le contenu d'une catégorie, de sorte que les expériences montrent que l'optimum de catégorisation est de faire des catégories ne dépassant pas 3 ou 4 mots par catégories (figure 6).

Voilà pourquoi il est très efficace d'apprendre le cours en parties et sous-parties bien organisées, selon un plan « sémantique » (on dit souvent « logique ») ; l'idéal pour éviter la surcharge est d'établir des parties de 3 ou 4 éléments. Par ailleurs, les recherches de Fabien Fenouillet de l'université de Lille, soulignent que, lorsque la motivation agit sur la mémoire, c'est essentiellement par la sélection d'une stratégie d'organisation (Fenouillet, 2003).

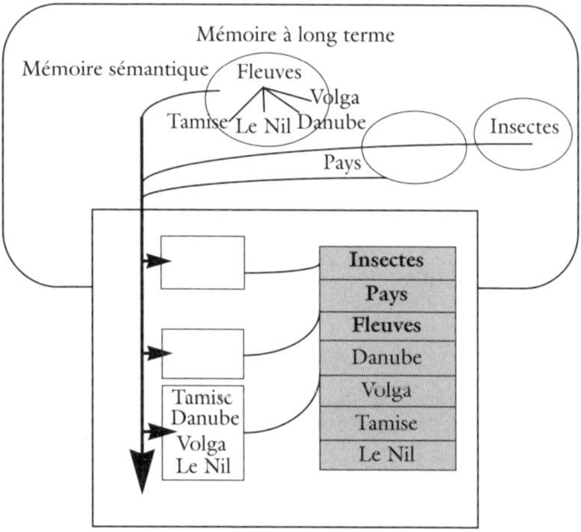

Figure 6
Travail de va-et-vient entre la mémoire à long terme (ici sémantique) et la mémoire à court terme dans l'organisation (d'après Lieury, 1992, 1996)

3. Acquisition des connaissances et apprentissage multi-épisodique

Les capacités d'apprentissage des élèves sont très importantes et la mémoire a des capacités immenses qui défient la mesure. Combien de mots sont acquis, notamment en fonction des niveaux scolaires ? Deux recherches françaises aboutissent aux mêmes estimations. Celle de Poitiers (Ehrlich, Bramaud du Boucheron et Florin, 1978 ; Florin, 1993) s'est basée sur un échantillon de mots extraits d'un dictionnaire aboutissant, après diverses approximations, à une estimation de l'ordre de 3 000 mots en CE1 à 6 000 en CM2, soit au total 9 000 mots en fin du primaire. L'étude de Rennes (Déro, 1998) a repris le principe de la méthode d'une étude au collège (Lieury, 1996 ; *cf. infra*) en inventoriant le vocabulaire tel qu'il apparaît dans les manuels scolaires du primaire, puis en estimant les connaissances des élèves grâce à des QCM (questionnaires à choix multiples). Cependant, par rapport à la plupart des études, où les mots sont sélectionnés ou comptabilisés manuellement, Déro a procédé par scannérisation des manuels, ce qui assure une analyse plus systématique. Le total recensé est

11 000 mots environ et l'estimation du vocabulaire moyen acquis va de 4 500 mots en fin de CP jusqu'à 9 000 mots environ en fin de CM2 avec cependant des disparités considérables entre les élèves : en CP, les élèves ont un vocabulaire qui varie de 1 000 à près de 8 000, c'est-à-dire pas très loin du vocabulaire acquis en moyenne en CM2. Voici l'une des grandes différences entre élèves qui constituent une hétérogénéité difficile à gérer à l'école !

Cependant, la mémoire à l'école, et surtout dans les années ultérieures, ne concerne pas seulement les catégories sémantiques usuelles, elle englobe l'apprentissage de concepts et noms propres dans des grandes matières cristallisées au cours des décennies, l'histoire, la biologie, la chimie, les mathématiques, la littérature, les langues vivantes. Comme ces mots, par exemple Ramsès, mycélium, sextant, etc., sortent du lexique courant, le terme de mémoire encyclopédique a été utilisé (Lieury, 1996). Un recensement a été établi à partir des manuels scolaires dans le cadre d'un suivi de huit classes d'un collège de Rennes, de la 6e jusqu'à la 3e. L'inventaire du vocabulaire encyclopédique a fourni 6 000 mots en 6e (en plus du vocabulaire courant). L'estimation du vocabulaire acquis en fin d'année de 6e, à partir du pourcentage de réussites à des QCM était d'environ 2 500, mais avec des grandes disparités. Ainsi, l'estimation du vocabulaire acquis chez le meilleur élève (17/20 de moyenne scolaire générale) était d'environ 4 000 concepts, tandis que cette estimation chute à 1 000 concepts pour l'élève ayant la moyenne scolaire la plus basse (4,5/20). L'inventaire du vocabulaire dans les manuels a fourni, les années ultérieures, près de 10 000 mots en 5e, 18 000 en 4e et 24 000 en 3e. L'estimation de la mémoire encyclopédique des élèves fournit une moyenne de 5 500 mots compris en 5e, 11 000 en 4e et 17 000 en 3e, soit une progression gigantesque.

Devant un tel « océan de mots » (selon l'expression des Américains Nagy et Anderson), les chercheurs s'interrogent à la fois sur les méthodes de remédiation pour compenser les retards mais aussi sur celles d'apprentissage en situation normale. Les conceptions se sont développées autour de deux grands axes de recherches, l'un privilégiant l'entraînement direct, l'autre valorisant l'inférence à partir des contextes.

Dans la première lignée, des chercheurs de l'université de Pittsburg, notamment Isabelle Beck et Margaret McKoewn (Beck, Perfetti et McKoewn, 1982), ont construit un programme d'apprentissage systématique d'un vocabulaire de 104 mots, destiné à des enfants de quartiers défavorisés. Pendant que deux classes de CE2 (grade 4) bénéficiaient de ce programme, deux autres, équivalentes d'après les prétests, servaient de classes témoins. Le programme se déroulait en 15 cycles hebdomadaires de 5 séances d'une demi-heure, soit 75 « leçons ». Le travail portait à la fois sur les aspects lexicaux et sémantiques des mots. Sur tous les tests de compréhension réalisés en fin d'année, les performances du groupe expérimental sont très supérieures à celles du groupe témoin.

Dans la seconde orientation, le sens des mots serait inféré à partir du contexte à travers la lecture (Nagy et Anderson). Une conception proche est l'idée que les concepts sont générés à partir de multiples épisodes (*cf.* paragraphe 3). Un tel apprentissage multi-épisodique (ou multicontexte) a été réalisé (Lieury et Forest, 1994) au niveau CM2 sur 24 mots de biologie, sélectionnés par les enseignants comme probablement inconnus ou peu connus : par exemple, « vertébrés, germe, toxique, ivoire, vitamines, pollution, etc. », présentés selon un nombre d'épisodes variés de 0 à 8 :

- Vertébré veut dire « qui a des vertèbres ». Les vertèbres sont les os qui tiennent ton dos bien droit ; on les sent quand on passe la main dans le milieu du dos. Tous les animaux qui ont des os ont aussi des vertèbres.
- Les chiens ont des os, comme nous ; donc ce sont aussi des vertébrés. Tous les mammifères (les chiens, les chats, les vaches, les singes, les éléphants et les souris...) aussi.
- Dans la grande famille des animaux, tous ne sont pas des vertébrés : ni les limaces, ni les vers de terre n'ont des os. Les insectes et les crabes non plus. Ils font donc partie d'une autre famille.

La progression dans l'apprentissage sémantique, évaluée par un QCM prenant en compte les différents indices sémantiques, indique bien que le nombre de répétitions épisodiques améliore la mémorisation sémantique des concepts. Le progrès réalisé est d'environ 20 à 30 %, de sorte qu'une note de 10/20 passerait à 12 ou 13 sur 20.

Il ne faut donc pas opposer, en pédagogie l'apprentissage par cœur à la compréhension : les recherches montrent que la sémantique s'apprend également, non par cœur (mémoire lexicale) mais par répétition d'épisodes ou contextes variés, permettant aux concepts d'acquérir différentes facettes de sens.

IV. RÉCUPÉRATION EN MÉMOIRE ET PROCÉDÉS MNÉMOTECHNIQUES

1. Rappel et reconnaissance

Depuis la fin du XIXe siècle, la reconnaissance est connue comme le moyen de sondage le plus puissant de la mémoire. Dans la technique de reconnaissance, les mots cibles sont mélangés à des pièges pour éviter les réponses au hasard. Les performances sont étonnamment élevées pour divers types d'information ; ainsi, dans une expérience sur des lycéens de divers âges et sections, la supériorité des images est-elle retrouvée avec une reconnaissance d'environ 90 % contre environ 70 % pour les mots (figure 7), et l'on trouve des résultats similaires sur des étudiants d'université, ce qui montre la stabilité des processus de mémoire à partir de l'adolescence. La mémoire enregistre plus d'informations qu'on ne le pense…

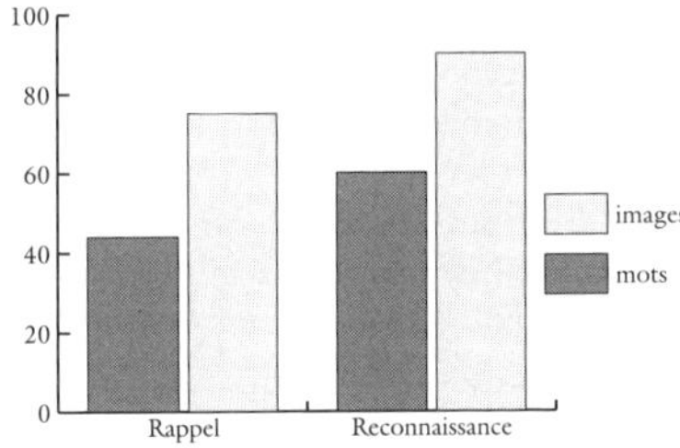

Figure 7

Rappel et reconnaissance de mots ou d'images (181 lycéens de 2e à terminale) (Lieury et Pichon, non publié)

Mais pourquoi cette efficacité ? La mémoire contenant des milliers d'informations, certains chercheurs comme Endel Tulving de l'université de Toronto ont supposé que la mémoire fonctionnait comme les processus d'adressage dans un ordinateur. De même que les informations sur disque dur (ou autre support) sont associées à une référence qui sert d'adresse pour les retrouver, nos souvenirs seraient munis d'indices, en particulier en mémoire sémantique : ce sont les indices de récupération.

2. Indices de récupération et procédés mnémotechniques

Endel Tulving et Zena Pearlstone (1966) ont ainsi réalisé une célèbre expérience dans laquelle différents groupes de sujets apprennent des listes de taille différente, 12, 24 ou 48 mots, structurées en catégories, par exemple de quatre mots (fleur : tulipe, rose, pétunia, primevère). Au moment du rappel, les groupes sont divisés en deux sous-groupes, l'un doit rappeler en rappel libre, rappel traditionnel sur la feuille blanche, alors que l'autre groupe, nommé « rappel indicé » reçoit une feuille de rappel où sont imprimés les noms de catégories. En général, les résultats montrent une remarquable efficacité. Alors qu'on aurait pu croire que les mots non rappelés étaient oubliés, effacés, ces mots étaient stockés mais non accessibles. Les noms de catégories ont fonctionné comme des indices de récupération.

La difficulté du rappel (devant la page blanche) s'explique dans cette théorie par la capacité limitée de la mémoire à court terme qui ne peut stocker qu'un petit nombre d'indices. Mais nous avons vu que l'organisation permet de dépasser la capacité de la mémoire à cour terme et ainsi d'atteindre des performances extraordinaires. Cette organisation peut s'appliquer aux indices comme Gordon Bower, de l'université de Stanford, l'a démontré. Par exemple, si les catégories sont successivement, oiseaux, poissons et mammifères, ces trois indices peuvent être regroupés dans le super-indice « animaux », ce qui libère de la place en mémoire à court terme. Cette organisation d'indices de récupération est appelée « plan de récupération » (ou plan de rappel). Rétrospectivement, on peut expliquer certains procédés mnémotechniques par le mécanisme du plan de récupération, mais aussi comprendre leurs défauts et limites (Lieury, 1996).

Les phrases clés apparaissent ainsi comme des plans de récupération basés sur des indices phonétiques. Par exemple, la phrase « Sur la racine de la bruyère, la corneille boit l'eau de la fontaine Molière » permet de se rappeler des écrivains du XVIIe siècle : Racine, La Bruyère, Boileau, Corneille, La Fontaine, Molière. La phrase « Mon vieux, tu m'as jeté sur une nouvelle planète » relie les initiales qui rappellent l'ordre des planètes : Mercure, Vénus, Terre, Mars, Jupiter, Saturne, Uranus, Neptune et Pluton. Ou encore « Cambronne s'il eût été dévot n'eût pas carbonisé son père » permet de se souvenir des périodes géologiques de l'ère primaire : cambrien, silurien, dévonien, carbonifère, permien. Ce dernier exemple illustre bien les limites d'un plan de rappel : le plan est une organisation d'indices qui aide à récupérer des informations déjà stockées. Si les informations ne sont pas stockées, par exemple, si un élève ne connaît pas les périodes géologiques, la phrase clé ne servira à rien.

Résumés, plan de cours et schémas apparaissent également comme des plans de rappel. Ils sont donc utiles pour « récupérer » des informations apprises. Mais si les concepts et le lexique de la leçon tout entière n'ont pas été appris, les résumés et schémas ne serviront à rappeler qu'eux-mêmes.

Chapitre 3

Lecture et compréhension

Les résultats aux évaluations nationales en français, de septembre 2007 (ministère de l'Éducation Nationale) montrent que près de 40 % des élèves de sixième ne parviennent pas à comprendre un texte (résultat national à la compétence « *compréhension, réception* »). Il est également fréquemment constaté qu'en fin de scolarité élémentaire, bon nombre d'élèves ne maîtrisent pas encore complètement les processus d'identification des mots.

La lecture a longtemps été envisagée comme un processus unitaire, centré soit sur le décodage soit sur la compréhension, mais aujourd'hui on s'accorde sur le fait que l'activité de lecture possède ces deux facettes : celles du décodage et de la compréhension. En effet, l'objectif de la lecture est de comprendre mais cet objectif ne sera atteint que si l'on décode correctement ce que l'on est en train de lire. Autrement dit, décodage et compréhension sont indissociables de l'activité de lecture, ce qui revient à penser qu'« on lit pour comprendre ».

Après avoir privilégié le décodage dans les années 60, puis le sens dans les années 70, aujourd'hui l'ensemble des recherches en psychologie cognitive s'accordent sur le fait que l'enseignement de la lecture ne doit délaisser ni le sens ni le décodage. On retrouve d'ailleurs cette idée dans les nouveaux programmes de l'école élémentaire : « Au cours préparatoire, l'apprentissage de la lecture passe par le décodage et l'identification des mots et par l'acquisition progressive des connaissances et des compétences nécessaires à la compréhension des textes » (*Qu'apprend-on à l'école élémentaire ?*, Nouveaux programmes 2008, CNDP, XO Éditions, p. 37).

Comme le rappellent les documents d'accompagnement des programmes (*Lire et écrire au cycle 3. Repères pour organiser les apprentissages au long du cycle*, Documents d'accompagnement des programmes 2003, Collection École), l'acquisition du « Lire et écrire se poursuit tout au long du cycle 3 » et on pourrait ajouter que pour certains élèves, ces apprentissages doivent nécessairement se poursuivre au-delà. Une étude visant à définir les niveaux d'expertise en lecture des élèves à leur entrée en sixième (Bonjour & Gombert, 2004) montre, par exemple, qu'un peu plus de 14 % de ces élèves éprouvent des difficultés importantes en lecture et en compréhension : ils lisent lentement et commettent de nombreuses erreurs de reconnaissance des mots écrits (réels ou inventés). On peut ainsi penser que l'activité de décodage mobilise leur attention de façon trop importante pour leur permettre d'allouer pleinement leurs ressources cognitives à des processus de traitement de plus haut niveau, tel que l'élaboration du sens. Leur faible niveau de compréhension laisse supposer que tout apprentissage passant par l'écrit ne s'effectue pas aisément et qu'ils sont donc susceptibles d'éprouver des difficultés scolaires d'ordre plus général. En revanche, environ 30 % des élèves de l'échantillon sur lequel a porté l'étude s'avèrent être des lecteurs experts ; l'exactitude et la rapidité du traitement des différentes habiletés impliquées dans la reconnaissance des mots écrits sont révélateurs de l'automaticité de leur processus de lecture et indiquent une grande expérience de l'écrit. Enfin, une proportion importante de ces élèves (56 % environ) ne sont encore qu'à un stade où leur expertise en lecture est en cours d'acquisition : ils lisent en faisant peu d'erreurs dans l'identification des mots écrits mais leur vitesse de lecture est encore lente. Ce qui laisse supposer que cette activité mobilise leur attention de façon trop importante pour leur permettre d'allouer pleinement leurs ressources cognitives à des processus de traitement de plus haut niveau telle que l'élaboration du sens. Comme le soulignent les auteurs, « dans la mesure où il apparaît que c'est essentiellement la vitesse de lecture qui est encore insuffisante, il est probable que l'installation de l'expertise passera, chez ces élèves, par une pratique la plus importante possible de la manipulation de l'écrit (en lecture comme en production) ».

Récemment, Pouchet et Zorman ont publié un outil d'entraînement efficace pour améliorer la compréhension de textes au cycle 2 en automatisant l'identification des mots, la vitesse et la précision de lecture (Pouchet & Zorman, 2008).

Contrairement à l'idée largement répandue selon laquelle la lecture est automatique à la fin du cycle 2, pour certains élèves, l'apprentissage de la lecture est à poursuivre. Les résultats de cette recherche illustrent le caractère complexe de l'activité de lecture qui s'élabore à plusieurs niveaux, nécessite la mise en œuvre de multiples processus et dont l'apprentissage est lent et laborieux.

Il est d'ailleurs difficile pour un lecteur expert qui n'a pas ou peu conscience des processus automatiques mis en place pendant l'activité de lecture d'imaginer la difficulté ressentie par un lecteur débutant. Et il faut avoir recours à quelque subterfuge pour s'en rendre compte. Pour nous le faire comprendre, il faut casser nos habitudes de lecture par exemple en inversant l'ordre des lettres dans chaque mot comme « el egarffihcéd ésitamotua temrep al noisnehérpmoc ».

En effet, grâce à ce type de procédure, l'automaticité est rompue et vous devez alors adapter vos stratégies de lecture pour pouvoir lire ce texte dont la présentation ne vous est pas familière. Pour parvenir à lire ce texte, tout lecteur se trouve, en principe, dans l'obligation de passer par ce que l'on appelle la médiation phonologique, c'est-à-dire de coder (convertir) les mots sous forme phonétique. Dans ce cas de figure, cette conversion des graphèmes (lettres) en phonèmes (unités minimales de sons de la langue) mobilise de façon importante l'attention du lecteur. Or, on sait que l'identification des mots doit être d'un coût cognitif peu élevé pour que le lecteur puisse allouer ses ressources attentionnelles aux processus de plus haut niveau telle que la compréhension. C'est donc un processus qui doit s'automatiser rapidement.

Comprendre les difficultés de lecture implique de savoir comment nous lisons, comment nous apprenons à lire, comment nous comprenons et comment nous pouvons apprendre à comprendre.

Lire implique de mettre en œuvre des processus de bas niveau telle que l'identification des mots écrits et des processus de plus haut niveau telle que la compréhension des mots, des phrases et/ou des textes lus. Voici les principaux résultats des recherches en psychologie cognitive depuis une trentaine d'années.

I. L'IDENTIFICATION DES MOTS ÉCRITS

Puisque nous lisons pour comprendre, la finalité de la lecture est bien la compréhension. Mais la phase d'identification est un préalable indispensable à cette finalité. Elle est capitale, car elle conditionne l'activité de lecture. Cette activité devenant avec l'expérience automatique, le lecteur pourra allouer son attention aux processus de haut niveau, c'est-à-dire à la construction du sens, à la fois au niveau de la phrase (au niveau local), au niveau de l'intégration inter-phrases et au niveau du texte (au niveau global). Le lecteur expert se caractérise par l'exactitude et la rapidité des traitements qu'il effectue.

1. Perception visuelle et lecture

La lecture commence par la vision et pour une part, les mécanismes de la perception visuelle expliquent le fonctionnement de la lecture. Dans ce chapitre nous verrons notamment pourquoi une méthode globale pure n'est pas une bonne méthode ou pourquoi les méthodes de lecture rapide sont du charlatanisme.

2. Fovéa et acuité visuelle

Les recherches sur la perception ont montré depuis longtemps que la vision n'est pas panoramique car l'acuité visuelle n'est permise que par une toute petite partie centrale de la rétine, la fovéa, qui ne « voit » que 2 à 4° d'angle (très petit par rapport à notre vision large mais floue de 220 °). Les analyses de la lecture avec une caméra ou un appareillage plus sophistiqué, montrent que les yeux bougent sans arrêt à raison de trois saccades oculaires par seconde de façon à ce que les cibles (visage ou mot) soient en face de la fovéa. Et le cerveau reconstitue le tout, pour nous donner l'image d'une scène panoramique. Les recherches montrent qu'il y a à peu près une fixation par mot d'un texte car, la fovéa étant très petite, la vision ne voit avec acuité qu'un mot d'environ 4 ou 5 lettres. La méthode strictement globale qui consiste à faire apprendre des phrases entières, ne peut permettre l'analyse de mots et des lettres. Une méthode strictement globale ne permet donc pas une analyse orthographique correcte du mot, puisque les fixations tombent le plus souvent sur des parties de mots. De même, les méthodes de lecture rapide promettant, par l'entraînement, de lire plusieurs lignes ou une page entière ou pire d'élargir le champ fovéal, sont de ce fait du charlatanisme.

Sans aide, les saccades oculaires n'ont aucune raison d'être systématiques ; il faut un guidage. C'est sans doute l'origine du guidage spontané par le doigt dans la lecture chez les jeunes enfants.

3. L'exploration oculaire

Pour compenser la petitesse du champ fovéal, les yeux bougent sans arrêt de façon à mettre l'objet ou le mot intéressant juste en face de la fovéa. Cette exploration oculaire se fait à grande vitesse si bien que les yeux bougent environ 3 fois par secondes, s'arrêtant un quart de seconde (c'est la fixation) puis sautent sur une autre cible (saccades oculaires). La vision et la lecture sont donc des stratégies d'exploration oculaire.

4. Comment reconnaît-on un mot écrit ?

Identifier un mot écrit, c'est retrouver en mémoire les mots qui correspondent aux configurations graphiques. Lorsque nous lisons, nous activons notre lexique mental, partie de la mémoire à long terme dans laquelle sont stockés tous les mots que nous connaissons et qui contient en moyenne 9 000 mots en fin de Primaire (Florin, 2003). À chaque mot de notre lexique mental, peuvent être associées les informations qui lui sont propres : orthographiques, phonologiques, morphologiques, syntaxiques et sémantiques.

On peut alors se demander comment fonctionne l'accès au lexique mental lors du processus d'identification des mots écrits. Lorsque le mot est lu, deux procédures ou voies, comme deux « autoroutes », sont possibles : la procédure orthographique ou la procédure phonologique. Dans le premier cas, l'accès au lexique mental s'opère par la voie « directe » (au sens où une étape phonologique n'est peut-être pas nécessaire) ou lexicale et dans l'autre cas, c'est la voie indirecte ou phonologique.

Quand le lecteur utilise la procédure orthographique, le mot est déjà connu, car il a déjà été rencontré antérieurement. Le lecteur peut alors le reconnaître, et on parle alors de reconnaissance des mots écrits. Le lecteur peut également connaître la signification de ce mot, on parle alors d'identification des mots écrits. Dans ces deux cas, une adresse orthographique du mot existe dans son lexique mental, et il parvient à l'identifier en retrouvant l'adresse : il peut alors reconnaître ou identifier directement le mot. Quand on utilise cette procédure, on parle aussi de procédure par adressage.

Dans le second cas, le lecteur utilise la procédure phonologique. Le mot n'est pas connu, il n'existe pas d'adresse orthographique dans le lexique mental du lecteur qui est alors obligé d'utiliser un autre processus : celui de la médiation (ou codage) phonologique. Autrement dit, il est obligé de décomposer les mots en unités plus petites (graphèmes) et de les recoder sous forme orale. On parle alors de conversion graphèmes-phonèmes. Lors de l'apprentissage explicite de la lecture, les lecteurs apprennent les règles de cette conversion. Cette procédure est donc fréquemment utilisée par le lecteur débutant qui rencontre souvent des mots dont il ne possède pas de représentation orthographique dans son lexique mental. Elle est également employée par les lecteurs experts confrontés à des mots peu fréquents ou des mots qu'ils n'ont jamais rencontrés auparavant. Quand on se sert de cette procédure, on parle aussi de procédure par assemblage.

Les recherches actuelles s'accordent sur le fait que les deux procédures, orthographique et phonologique, seraient utilisées par les lecteurs. Le modèle de la double voie de Coltheart (1978) associe les deux voies d'accès au lexique. Dans ce cas, on parle de « traitement en cascade » : les deux procédures seraient automatiquement activées et la plus rapide des deux serait choisie. Autrement dit, la procédure orthographique ou par adressage serait utilisée quand les mots rencontrés sont fréquents ou connus du lecteur, et, à l'inverse, la procédure phonologique ou par assemblage serait employée quand les mots rencontrés sont rares ou inconnus du lecteur.

Qu'en est-il pour l'apprenti lecteur ? Comment les enfants apprennent-ils à lire ? Comment devient-on lecteur expert ?

II. L'APPRENTISSAGE DE LA LECTURE

1. L'entrée dans le monde de l'écrit

L'entrée dans le monde de l'écrit ne se fait pas à 6 ans mais bien avant. Les enfants entrent dans l'écrit bien avant qu'on ne leur apprenne explicitement à leur entrée au CP à lire et à écrire. En effet, dès l'âge de 3 ans en moyenne, les enfants commencent à se faire raconter des histoires par des adultes ou des enfants plus âgés ou peuvent raconter eux-mêmes des histoires à partir des illustrations. Ils écrivent leur prénom sur leurs dessins, demandent à ce qu'on leur raconte telle ou telle histoire déjà entendue, certains ont des connaissances sur les finalités de la lecture, savent tenir correctement un livre, connaissent le sens conventionnel de la lecture, peuvent reconnaître certains mots dans un contexte particulier (Mc Donald, Noël, Coca-Cola, etc.), connaissent certaines lettres (celles de leur prénom par exemple), savent que les espaces entre les mots ne sont pas des lettres, etc.

Ce contact précoce avec l'écrit constitue un apprentissage préalable à l'apprentissage explicite de la lecture-écriture. On entend parfois certains parents déclarer : « Mon enfant a appris à lire tout seul. » Pourtant, au risque de les décevoir, un enfant n'apprend jamais à lire sans l'appui d'un médiateur extérieur (parent ou enseignant). La lecture n'est pas une activité naturelle comme peut l'être la parole. Elle ne se développe pas : elle s'apprend. L'acte de lire résulte toujours d'un apprentissage lent et laborieux, rendu possible grâce à l'intervention d'un médiateur. En revanche, il est possible que l'entrée dans la lecture s'effectue très rapidement au point de donner l'impression que l'enfant n'a pas eu besoin d'apprendre explicitement les règles nécessaires à l'acte de lire. Ce phénomène s'explique par le fait que l'enfant repère naturellement des régularités dans son environnement. On parle d'apprentissage implicite, car les rencontres fréquentes avec les régularités de la langue écrite font que l'enfant, sans s'en rendre compte, les repère et devient capable de reconnaître certains mots. Cet apprentissage implicite serait lié à l'environnement social, culturel et linguistique de l'enfant qui va influencer considérablement sa première entrée dans le monde de la lecture et de l'écriture. Il s'agit d'un apprentissage extrêmement important, car il précède et « accélère » l'apprentissage explicite de la lecture.

L'hétérogénéité importante observée chez les élèves à l'entrée au CP s'explique par le fait que les contacts avec l'écrit sont pour certains inexistants, et pour d'autres extrêmement fréquents et réguliers. Mais « l'école doit tout faire pour que ces différences initiales ne se transforment pas en échec pour les moins avancés d'entre eux » (*Lire au CP. Repérer les difficultés pour mieux agir*, documents d'accompagnement des programmes 2003, coll. École). L'école maternelle a un rôle extrêmement important à jouer au cours de cet apprentissage préalable et « par trois activités clés (travail sur les sons de la parole, acquisition du principe alphabétique et des gestes de l'écriture), l'école maternelle favorise grandement l'apprentissage systématique de la lecture et de l'écriture qui commencera au cours préparatoire » *(Qu'apprend-on à l'école maternelle ?*, Nouveaux programmes 2008, CNDP, XO Éditions, p. 25).

2. Le développement des procédures d'identification des mots

Malgré un nombre non négligeable de critiques adressé aux modèles en stades, celui d'U. Frith (1985) a le mérite de présenter de façon claire et synthétique l'acquisition de la lecture chez l'apprenti lecteur (pour des détails, *cf.* Ecalle et Magnan, 2002, pp. 25-63). Sans pour autant remettre en cause l'utilisation des différentes procédures par les apprentis lecteurs, nous ne manquerons pas, cependant, de souligner les limites de ce type de modèle.

- **La procédure logographique (procédure du pré- ou pseudo-lecteur)**

À ce stade, l'enfant ne sait pas encore lire, on parle de « pseudo-lecture » (en principe, il se trouve en fin de cycle 1). Il utilise tous les indices susceptibles de permettre la reconnaissance des mots.

Il traite les mots comme des dessins ou des logos d'où le nom donné à ce stade. Il va ainsi pouvoir lire parfaitement les mots comme « Mc Donald, Coca-Cola ou Noël », en s'appuyant sur certains indices saillants tels que les couleurs rouge et blanc de Coca-Cola ou le « ë » de Noël, mais, sortis de leur contexte, ces mots ne seront pas reconnus. De la même manière, il parvient à lire des mots souvent rencontrés, tel que son prénom mais, même s'il parvient à lire Julien, il sera incapable de lire Jules ou Julie. À la fin du cycle 1, l'enfant serait capable de « reconnaître » de cette manière de 50 à 100 mots (Ferreiro, 1977).

L'une des difficultés de l'apprentissage de la lecture réside dans le fait que les connaissances des enfants sur les propriétés et le fonctionnement de l'écrit ne sont pas toujours bien établies. Dès l'école maternelle, un travail spécifique portant sur le rôle et le fonctionnement de l'écrit est donc indispensable. Afin d'évaluer les acquis des enfants prélecteurs sur les aspects culturels, linguistiques et stratégiques de la lecture-écriture, une batterie d'évaluation initiale de la lecture-écriture appelée BEILE (Chauveau et coll., 2003, p. 35-43) peut se révéler tout à fait utile. Cette batterie, composée de neuf épreuves, permet d'évaluer les acquis des enfants prélecteurs, d'établir un diagnostic fiable des difficultés éventuelles qu'ils rencontrent et ainsi de mettre en place des activités pédagogiques adaptées dès la grande section de maternelle, dont le rôle à jouer dans le domaine de l'apprentissage de l'écrit est extrêmement important.

- Épreuve 1 : connaissance des supports de l'écrit

On présente à l'enfant dix supports écrits : un livre scolaire, un livre de littérature enfantine, un programme de télévision, un dictionnaire, une lettre dans son enveloppe, une notice de produit pharmaceutique, un prospectus, un journal d'informations générales, une revue de type *Tout l'univers*, un ouvrage de psychopédagogie.

On lui demande en montrant un support : « Tu sais ce que c'est ? À quoi ça sert ? Qu'est-ce qu'on peut faire avec ? »

On note 1 point par bonne réponse. Exemple : « c'est un livre » ou « c'est un journal » est noté 0, si l'enfant ne peut expliquer le contenu ou l'usage du support.

En revanche, on note 1 point pour :

– « c'est pour savoir qu'est-ce qui se passe », « c'est pour lire les informations » (le journal).

Si la réponse semble imprécise, on relance l'enfant : « Explique-moi. On peut lire quoi ? Pourquoi ? » Etc.

• Épreuve 2 : les raisons d'apprendre à lire

On interroge l'enfant sur sa volonté d'apprendre (ou de ne pas apprendre) à lire et sur les pratiques lecturales qu'il a « intégrées » : « Tu as envie d'apprendre à lire ? Tu trouves que c'est bien de savoir lire ? Tu aimerais savoir lire ? ». Etc.

Puis on lui demande d'expliciter, de justifier ses choix : « Pourquoi ça te plaît ? Pourquoi tu trouves ça bien ? Si tu savais lire, qu'est-ce que tu ferais ? Qu'est-ce que tu lirais ? Et qu'est-ce qu'on peut lire encore ? À quoi ça sert de lire ? Et puis ça sert à quoi aussi ? Quand on sait lire, qu'est-ce qu'on peut faire ? Quand tu sauras lire, qu'est-ce que tu liras ? ». Etc.

Au cours de cet entretien, l'objectif est d'obtenir le plus de réponses et d'explications possibles. On note 1 point pour chaque réponse qui fait référence, de façon explicite, à une pratique lecturale, c'est-à-dire à la lecture en tant que pratique sociale et culturelle.

Extrait de G. Chauveau et coll.,
Comprendre l'enfant apprenti-lecteur, Paris, Retz, 2003,
pp. 35-43.

• La procédure alphabétique

Il s'agit de la phase d'apprentissage explicite de la lecture et plus précisément des règles de conversion graphèmes-phonèmes (au CP). À ce stade, l'enfant apprend la procédure par assemblage décrite précédemment : autrement dit, la médiation phonologique est dominante chez lui. Il saisit que les mots sont composés d'unités plus petites juxtaposées et qu'à chaque unité orthographique correspond une unité phonologique spécifique. Cet apprentissage des règles de conversion graphèmes-phonèmes est fondamental. C'est aussi à ce moment-là qu'il va, par exemple, pouvoir se rendre compte que certaines syllabes se retrouvent dans plusieurs mots (« ma » est commun aux mots « maman » et « matin »).

• La procédure orthographique (procédure du lecteur expert)

Au cours des phases antérieures, l'enfant va rencontrer un ensemble de mots de façon répétée et augmente peu à peu le stock d'adresses orthographiques dans son lexique mental. La procédure orthographique, qui permet à un lecteur d'identifier un mot écrit sans être obligé de passer par la médiation phonologique, se met alors en place.

• Les limites des modèles en stades

Bien que les modèles en stades présentent un intérêt certain, notamment celui d'exposer de manière claire et synthétique le développement des procédures à l'œuvre dans l'activité de lecture, il n'en reste pas moins qu'un certain nombre de critiques peuvent être formulées à leur égard.

À la lecture des différentes procédures évoquées précédemment, nous aurions tort de penser que la procédure orthographique, utilisée par le lecteur expert, constitue la seule et unique procédure utilisée. Les modèles en stades ont tendance à nier l'existence, chez le lecteur expert, de la médiation phonologique, alors que le modèle dit « traitement en cascade » suppose qu'il est susceptible de l'utiliser dans certains cas, notamment dans le cas de la lecture de mots nouveaux ou rares. Il faut plutôt voir ces stades comme des procédures potentiellement disponibles pour le lecteur, le recours à l'une ou l'autre procédure variant en fonction de son niveau d'expertise. « Si tout le monde s'accorde aujourd'hui pour reconnaître que l'évolution des processus de lecture et d'orthographe reflète une apparente séquentialité dans l'acquisition respective de la procédure phonologique et de la procédure orthographique, cette évolution ne se produit cependant pas de manière abrupte comme le suggèrent les modèles en stades. Les deux procédures semblent davantage coexister précocement et se développer en parallèle. Il n'y aurait pas de lecteur-scripteur "alphabétique" ni de lecteur-scripteur "orthographique", mais simplement des mots pour lesquels l'enfant dispose déjà d'une représentation orthographique et des mots pour lesquels il n'en possède pas et qui seront lus ou orthographiés au moyen de la procédure phonologique. Bien entendu, la proportion relative de ces deux catégories de mots change au cours du développement » (Mousty et Leybaert, 1995, p. 327).

Enfin, ces modèles ne tiennent pas compte des méthodes de lecture auxquelles sont soumis les enfants. D'après Roland Goigoux (1994, p. 27), ces modèles rappellent les méthodes mixtes, majoritairement utilisées en classe, et la question est de savoir si ces modèles sont pertinents, quand les enfants sont soumis à une pédagogie différente. Pour l'auteur, ces modèles rendraient plutôt compte de la manière d'enseigner que de la manière d'apprendre.

3. L'automaticité en lecture

L'automaticité est indispensable pour parvenir à la compréhension de ce que l'on est en train de lire, car elle va permettre de soulager l'attention du lecteur qui ne sera plus focalisée exclusivement sur l'identification des mots écrits. Une fois automatisée, l'identification des mots devient irrépressible. Cette automatisation est rendue possible, entre autres, grâce à la répétition de l'activité. Autrement dit, il est nécessaire de lire pour automatiser la lecture. Plus on lit, mieux on lit et mieux on lit, plus on lit. Pourtant, dans son étude menée auprès des maîtres spécialisés auprès des élèves en grande difficulté de lecture, Roland Goigoux relève que « le souci d'éviter aux élèves les situations d'échec qui ont trop massivement jalonné leur scolarité antérieure conduit parfois les maîtres à simplifier les tâches proposées ou à épargner les difficultés aux élèves. De nombreux "faibles lecteurs" sont, dans les faits, dispensés de lecture. Ce sont souvent les bons lecteurs et le maître qui lisent à voix haute afin de permettre à tous de participer à un échange à propos du texte ».

À ce propos, Allington (1994) et Cunningham (1999) parlent de « spirale de l'échec Effet Mathieu ». En effet, paradoxalement à ce que l'on devrait observer, les enfants lecteurs précaires lisent bien moins que les enfants lecteurs, ce qui fait augmenter les écarts dans différents domaines (niveau de lecture, niveau de vocabulaire, niveau de connaissances sur le monde).

Allington (1994) a ainsi montré qu'à âge égal, un élève de CE1 qualifié de fort lecteur lirait en moyenne 1 900 mots par semaine contre 16 pour un faible lecteur. Un élève de CM1 fort lecteur lirait en moyenne 20 000 mots par semaine contre 350 pour un faible lecteur. Cunningham (1999) a montré auprès d'élèves de CM1, que les 10 % des meilleurs lecteurs lisent en 2 jours le même nombre de mots que les 10 % des plus faibles en 1 an.

Depuis une trentaine d'années, la psychologie cognitive a multiplié ses recherches, tant en France qu'à l'étranger, sur le thème de la lecture et des mécanismes impliqués dans cette activité. Le mérite lui revient d'avoir isolé les traitements cognitifs volontaires et conscients et les traitements cognitifs automatiques et inconscients impliqués dans l'activité de lecture.

Un test appelé « effet Stroop », du nom de l'auteur qui l'a mis en évidence, montre bien l'automaticité de la lecture. Il consiste à faire lire la couleur de l'encre d'un mot, qui lui-même désigne une couleur, par exemple le mot ROUGE (écrit en vert), le mot VERT (écrit en jaune), etc. Vous éprouverez des difficultés, car vous devrez alors vous empêcher de lire le mot. Les résultats sont formels, on passe toujours plus de temps à dénommer la couleur de l'encre avec laquelle les mots sont écrits qu'à lire ces mêmes mots. Comment peut-on alors expliquer ces résultats ? Cet effet Stroop s'explique par le fait que, pour répondre à la consigne, en tant que lecteur expert ayant automatisé la lecture, nous devons inhiber le processus automatique de la lecture et mettre en œuvre un traitement volontaire et conscient qu'est celui de la dénomination de couleurs. Ce phénomène illustre, en effet, le caractère automatique et irrépressible de la lecture présent chez le lecteur expert qui ne peut s'empêcher de lire, de récupérer la signification d'un mot écrit.

4. Quelle prévention contre l'illettrisme ?

L'absence d'automaticité en lecture peut déboucher sur l'illettrisme. Pour l'Agence nationale de lutte contre l'illettrisme (2003) : « L'illettrisme qualifie la situation de personnes de plus de 16 ans qui, bien qu'ayant été scolarisées, ne parviennent pas à lire et comprendre un texte portant sur des situations de leur vie quotidienne, et/ou ne parviennent pas à écrire pour transmettre des informations simples » (*Lutter ensemble contre l'illettrisme. Cadre national de référence*).

On dispose à l'heure actuelle de deux mesures permettant d'évaluer et de recenser les personnes dites en situation d'illettrisme dont la périodicité est différente, ce qui permet d'appréhender l'évolution du phénomène. Ces mesures sont :

– la JAPD (Journée d'appel de préparation à la défense). Depuis avril 2000 sont concernés par cette évaluation tous les jeunes (garçons et filles) d'environ 17 ans. Ils passent des épreuves d'évaluation de la compréhension de l'écrit (ces épreuves sont conçues par le bureau de l'évaluation des élèves de la sous-direction de l'évaluation (Direction de la programmation et du développement), l'université Rennes 2 et l'université Paris–Descartes) ;

– l'IVQ (Information vie quotidienne). Cette évaluation est pilotée par l'INSEE et concerne un échantillon représentatif de la population française âgé de 18 à 65 ans.

Les épreuves de la JAPD visent à repérer chez les faibles lecteurs, trois ensembles majeurs de difficultés :

– une mauvaise **automatisation des mécanismes** responsables de l'identification des mots : plutôt que de pouvoir consacrer leur attention à la construction du sens du texte, des lecteurs laborieux doivent la consacrer à la reconnaissance de mots, ce qui devrait se faire de façon rapide et inconsciente ;

– une compétence langagière insuffisante, mise en évidence par la pauvreté des **connaissances lexicales** ;

– une pratique défaillante des **traitements complexes** requis par la compréhension d'un document : nombre de jeunes seront peu efficaces dans le traitement de l'écrit, soit par défaut d'expertise, soit par difficultés de maintien de l'attention..., bien que ni leur capacité à identifier des mots, ni leur compétence langagière ne soient en cause.

Pour chacune de ces trois dimensions, un seuil de maîtrise a été fixé : en deçà d'un certain niveau, on peut considérer que les jeunes éprouvent des difficultés sur la compétence visée (–) ; au-delà, la compétence est jugée maîtrisée (+). À partir de la combinaison des résultats, huit profils de lecteurs ont été déterminés (tableau 1).

Tableau 1
Les profils de lecteurs (JAPD, 2008) (source : ministère de la Défense-DSN, MEN-DEPP)

Profil	Traitements complexes	Automaticité de la lecture	Connaissances lexicales	Garçons (%)	Filles (%)	Ensemble (%)	
5d	+	+	+	60,9	70,2	65,5	Lecteurs efficaces
5c	+	-	+	14,9	10,9	12,9	78,4%
5b	+	+	-	6,8	8,2	7,5	Lecteurs médiocres
5a	+	-	-	2,6	2,0	2,3	9,8%
4	-	+	+	4,7	3,2	3,9	Très faibles capacités de lecture
3	-	-	+	4,1	1,8	3,0	6,9%
2	-	+	-	2,8	2,0	2,4	Difficultés sévères
1	-	-	-	3,2	1,7	2,5	4,9%

(**Lecture** : la combinaison des trois dimensions de l'évaluation permet de définir huit profils. Les profils numérotés de 1 à 4 concernent les jeunes n'ayant pas la capacité de réaliser des traitements complexes (très faible compréhension en lecture suivie, très faible capacité à rechercher des informations). Ils sont en deçà du seuil de lecture fonctionnelle. Les profils codés 5a, 5b, 5c, 5d sont au-delà de ce même seuil, mais avec des compétences plus ou moins solides, ce qui peut nécessiter des efforts de compensation relativement importants.)

Bien qu'une très grande majorité de jeunes ayant participé à la JAPD en 2007-2008 se révèle « bons lecteurs » (un peu plus de 78 %) dans le cadre de ces épreuves, plus de 11 % d'entre eux présentent des difficultés importantes en compréhension. Parmi eux, environ 5 % manifestent de graves difficultés de lecture et se trouvent dans une situation qui pourrait déboucher sur l'illettrisme (pour des informations et résultats complémentaires, vous pouvez consulter les notes d'information publiées chaque année par la DEPP (lien pour les résultats de l'année 2007 : http://media.education.gouv.fr/file/2008/22/7/NI0836_41227.pdf ; De La Haye, Gombert, Rivière et Rocher, 2008).

III. LES MÉTHODES DE LECTURE

Puisque, dans le domaine de l'apprentissage de la lecture, « il appartient à chaque enseignant de choisir la voie qui conduit le plus efficacement tous les élèves à toutes les compétences fixées par les programmes » (*Qu'apprend-on à l'école élémentaire ?*, Nouveaux Programmes, Paris, CNDP, XO Éditions, 2008, p. 121-122), il leur importe de connaître les fondements sous-jacents à chacune des méthodes de lecture existantes. C'est pourquoi l'objectif de notre propos n'est pas de préconiser une méthode plutôt qu'une autre, puisqu'« il n'existe pas “Une” bonne méthode d'apprentissage de la lecture, tout dépend de la façon dont on l'utilise » (Golder et Gaonac'h, 1998), mais bien de présenter les différentes approches existantes de l'enseignement de la lecture. D'autant que les programmes précisent que « l'appui sur un manuel de qualité est un gage de succès pour cet enseignement délicat » (*Qu'apprend-on à l'école élémentaire ?*, Nouveaux programmes, Paris, CNDP, XO Éditions, 2008, p. 38).

Dans les méthodes d'apprentissage existantes, nous pouvons distinguer trois grandes façons d'envisager l'enseignement de la lecture : les approches phonographiques, les approches idéo-visuelles et les méthodes mixtes. Pour les premières, lire c'est décoder, pour les secondes, c'est faire du sens et enfin, pour les dernières, lire, c'est à la fois décoder et faire du sens.

1. Les approches phonographiques

Il s'agit d'approches qui préconisent l'enseignement explicite des règles de décodage ou conversion graphèmes-phonèmes : elles visent à installer la correspondance d'un matériel écrit avec le matériel oral correspondant.

Dans ces approches, on peut distinguer les démarches synthétiques et les démarches analytiques.

Les **méthodes synthétiques** correspondent aux méthodes syllabiques : elles partent des unités les plus petites (en l'occurrence les lettres) pour aller vers les unités les plus larges (le texte). Ces méthodes peuvent être :

– à entrée alphabétique (*Daniel et Valérie*, 1964) : dans ce cas, l'unité de lecture est la lettre et le principe est d'établir les correspondances graphèmes-phonèmes ;

– à entrée phonique (*Au fil des mots*, 1977) : dans ce cas, ce n'est plus la lettre qui est perçue comme unité de lecture mais le son et le principe est d'établir les correspondances entre les phonèmes et les graphèmes.

Les **méthodes analytiques**, à l'inverse des précédentes, correspondent aux méthodes globales : elles partent des unités les plus larges (le texte) pour aller vers les unités les plus petites (les lettres). Il s'agit notamment des méthodes de lecture telles que la méthode naturelle de Célestin Freinet. Elles consistent à partir, notamment, des productions des élèves.

De la synthèse des démarches synthétiques et analytiques sont nées les **méthodes mixtes**, telles que *Mika* et *Crocolivre*. Elles débutent par une phase globale puis rapidement passent à l'enseignement des correspondances graphèmes-phonèmes.

2. Les approches idéo-visuelles

Ces approches envisagent le processus de lecture comme un processus de devinette psycholinguistique : on ne lit pas, on devine le mot, on anticipe le sens du mot grâce au contexte. Aussi, ces approches ne jugent pas utile d'enseigner les correspondances graphèmes-phonèmes. On reconnaît aujourd'hui que ces méthodes présentent plus d'inconvénients que d'avantages, car elles retardent l'entrée dans la reconnaissance directe des mots qui sont longtemps reconnus dans leur contexte plutôt que lus. De ce fait, elles ne permettent pas de déchiffrer les mots inconnus ou les non mots.

En résumé :

<table>
<tr><th colspan="3">Approches phonographiques</th><th>Approches idéo-visuelles</th></tr>
<tr><td colspan="2">Démarches synthétiques = méthodes syllabiques</td><td rowspan="2">Démarches analytiques = méthodes globales (méthode naturelle de Célestin Freinet)</td><td rowspan="3">La lecture est envisagée comme une devinette psycholinguistique. Ces approches ne jugent pas utiles d'enseigner les règles de conversion graphèmes-phonèmes (approche préconisée entre autres par J. Foucambert)</td></tr>
<tr><td>à entrée alphabétique (Daniel et Valérie)</td><td>à entrée phonique (Au fil des mots)</td></tr>
<tr><td colspan="3">Méthodes mixtes ou semi-globales (Mika/Crocolivre)</td></tr>
</table>

IV. L'ÉLABORATION DU SENS AU NIVEAU DE LA PHRASE ET DU TEXTE

Après avoir envisagé la lecture comme une activité relevant exclusivement du décodage (années 60), puis à l'inverse comme une activité de devinette psycholinguistique minimisant l'importance du décodage et donc son enseignement (années 70), aujourd'hui un consensus s'est établi sur le fait qu'on lit pour comprendre, que l'objectif de tout lecteur est de chercher avant tout à comprendre ce dont parle le texte.

Lire implique de la part du lecteur la mise en œuvre d'un ensemble de procédures simultanées. Il doit reconnaître ou identifier les mots écrits, établir des relations entre ces mots (analyse syntaxique) et enfin construire la signification du texte en établissant des relations entre les différentes phrases du texte. Le fait d'identifier les mots écrits ne constitue donc qu'une des étapes du processus de compréhension.

1. L'élaboration du sens au niveau de la phrase ou l'analyse syntaxique

L'analyse syntaxique est conçue comme une étape supplémentaire du traitement en lecture qui prolonge et complète la phase précédemment décrite d'identification des mots écrits. Pour parvenir à construire la signification, il est nécessaire d'établir une relation entre les mots que l'on est en train de lire. Sans reconnaissance de l'organisation syntaxique d'une phrase, il ne peut y avoir de construction de sens, il ne peut y avoir de lecture. On risque d'aboutir à un égrènement monotone de mots juxtaposés. Le sens de la phrase est élaboré à partir d'une interaction étroite entre le sens des mots et les relations syntaxiques qu'ils entretiennent.

Il est très difficile pour un lecteur débutant, dont les ressources attentionnelles sont focalisées sur l'identification des mots, de prendre en compte l'organisation syntaxique d'une phrase. Il peut même lui arriver de ne pas percevoir cette organisation syntaxique et de se retrouver ainsi dans la situation d'un lecteur confronté à un texte sans syntaxe. L'identification des mots doit donc être automatisée pour permettre d'identifier les relations qui unissent les mots entre eux, repérer l'organisation syntaxique des phrases et aboutir, à terme, avec succès à la compréhension.

Le travail à mener avec les élèves dans ce domaine est important. Proposer des exercices spécifiques au cours desquels on évalue les connaissances syntaxiques des élèves ou au cours desquelles on leur demande d'évaluer des jugements de grammaticalité peut s'avérer tout à fait bénéfique pour développer cette compétence indispensable à une bonne maîtrise de la lecture. Les ouvrages *Langage et Lecture*, dans la collection « L'oiseau magique », et « Gram'animo » aux Éditions Pédagogiques du Grand Cerf proposent des exercices destinés spécifiquement au développement des capacités syntaxiques des élèves dès la maternelle. De la même manière, dans leur ouvrage *Enseigner la lecture au cycle 2* (2000), Jean-Émile Gombert, un spécialiste de la lecture de l'université de Rennes, et ses collègues proposent et décrivent un nombre important d'exercices destinés à développer les connaissances syntaxiques des élèves et ce dès la Grande Section de maternelle (voir encart ci-après).

<table>
<tr><td colspan="2">Fiche pratique (grande section – CP)
Évaluation des connaissances syntaxiques
Exercice : Voici les portraits de deux animaux (les pointer successivement, au fur et à mesure des exemples).
Il y a une souris et une vache.</td></tr>
<tr><td></td><td>La souris qui fait des petites fautes dans des mots.
Par exemple :
- il répari un aspirateur ;
- je regardons le paysage.</td></tr>
<tr><td></td><td>La vache qui se trompe toujours en mélangeant les mots.
Par exemple :
- la fille un gâteau mange ;
- Julie casse verre le.</td></tr>
<tr><td colspan="2">Entraînement : À votre avis, lequel de ces deux personnages a dit :
Il lavi le chien.
C'est la souris qui fait des petites fautes dans des mots.
Entourez son image dans la case (Vérifiez).
Maintenant, vous entourez tout seul le personnage qui raconte l'histoire que je vais dire.
(Faire pointer chaque case et répéter chaque phrase.)</td></tr>
<tr><td>Il ciri ses chaussures.</td><td>Je creusons un trou.</td></tr>
<tr><td>La fille une chanson chante.</td><td>Éric ferme porte la.</td></tr>
</table>

Fiche pratique tirée de Enseigner la lecture au cycle 2
(Gombert et coll., 2000)

Fiche pratique (grande section) Évaluation des jugements de grammaticalité
Exercice 1 : Évaluation L'élève doit dire si les phrases lues par l'adulte sont correctes. (« Peut-on parler comme ça ? ») : ✓ Qu'écris-tu sur ton cahier ? ✓ Ses beaux outils rangent le maçon. ✓ La petite fille prend sa poupée. ✓ Vous allons au cinéma. ✓ Le poisson respire dans l'eau. ✓ Léo va à la piscine. ✓ Que tu veux pour Noël ? ✓ Je vais à la piscine mercredi. ✓ Demain, j'allais pêcher. ✓ Arnaud une voiture répare. ✓ Noémie mange un bonbon. [...] ✓ Virginie a coudre un bouton. ✓ Étienne un film regarde. ✓ L'été dernier, je suis allée en Espagne. ✓ J'ai courir jusqu'à l'école. ✓ Nous rentre tard ce soir. ✓ Michel allume une cigarette. ✓ Les enfants vont au cirque. ✓ La dame conduit son voiture. ✓ Le lapin mange des carottes. ✓ Le chien a bondi sur le chat. ✓ Le chat dort son panier.

Fiche pratique tirée de Enseigner la lecture au cycle 2 *(Gombert et coll., 2000)*

2. L'élaboration du sens au niveau du texte

Les recherches en psychologie sur la compréhension des textes ont été largement influencées par la théorie élaborée par Kintsch et Van Dijk (Kintsch et Van Dijk, 1978 ; Kintsch, 1998). Pour comprendre un texte, le lecteur doit en identifier les mots, mettre en relation les mots et les phrases pour construire une représentation mentale globale et cohérente de la situation décrite par le texte. Dans leur ouvrage de 1983, Van Dijk et Kintsch proposent le concept de « modèle de situation » pour désigner cette représentation mentale, c'est-à-dire l'ensemble formé par les informations extraites d'un texte et celles issues des connaissances initiales.

Il ne s'agit pas simplement de comprendre le sens des mots et des phrases du texte mais de reconstituer le « film » qu'il décrit. Il s'agit de se représenter des personnages, des lieux, des actions et des événements qui ne sont pas tous mentionnés explicitement dans le texte. L'information est intégrée en mémoire avec des éléments de représentation provenant d'expériences antérieures, activées par les éléments du texte, ou avec des connaissances générales. Le sens n'est pas livré par le texte, il est progressivement construit par le lecteur.

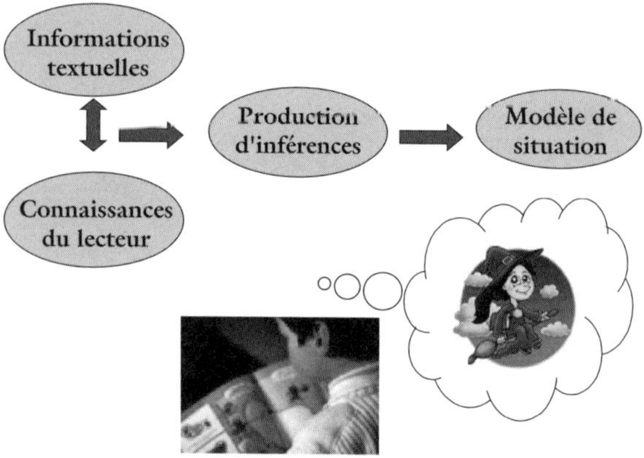

Figure 1
Représentation de l'activité de compréhension à partir du modèle de Van Dijk et Kintsch (1983)

En situation de lecture (fig. 1), nous accédons aux informations délivrées par le texte qui activent des connaissances stockées dans notre mémoire. Grâce à l'interaction entre ces deux sources d'informations (texte et connaissances du lecteur), le lecteur va être en mesure de produire les inférences nécessaires à la cohérence et la compréhension du texte. Enfin, la production d'inférences va permettre au lecteur de construire le modèle mental de la situation décrite par le texte, niveau le plus élaboré de l'activité de compréhension. Une expérience de Kintsch, Welsch, Schmalhofer et Zimny (1990) a montré que le modèle de situation était le niveau d'élaboration de la compréhension qui persisterait le plus longtemps en mémoire à long terme.

À chacune des étapes décrites ci-dessus, le lecteur peut éprouver des difficultés (identification des mots écrits laborieuse, manque de vocabulaire, difficulté à produire des inférences, difficulté à élaborer le modèle de la situation décrite par le texte, etc.). Évaluer pour situer précisément la source des difficultés des lecteurs s'avère nécessaire pour proposer une aide la plus efficace possible.

L'activité de compréhension est une activité mentale complexe au cours de laquelle différentes composantes influencent son déroulement et conditionnent sa réussite.

La figure 2 ci-dessous récapitule les différents éléments mobilisés lors du passage de la représentation de l'auteur à celle du lecteur.

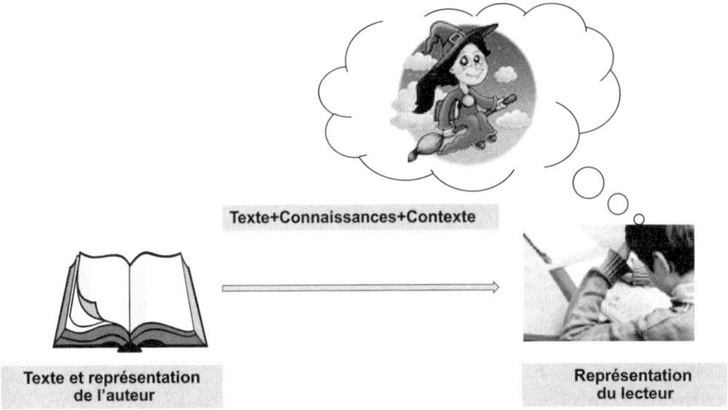

Figure 2
La compréhension de textes : de la représentation de l'auteur à celle du lecteur.

3. Les différentes composantes impliquées dans l'activité de compréhension

• Types et structures de texte

La nature des textes est variable, car il existe plusieurs « types de textes ». Chacun d'entre eux (narratif, descriptif, expositif, consigne, etc.) possède une structure qui lui est propre (appelée superstructure) et, en fonction du type de texte lu, la compréhension s'en trouvera influencée. On ne s'engage pas de la même manière dans la lecture d'un texte narratif, d'une consigne, d'une notice d'utilisation d'un appareil ménager ou encore d'un texte dans le but de répondre à des questions *a posteriori*.

Le texte narratif, par exemple, se caractérise par une organisation particulière et bien définie. On parle de structure canonique composée d'une exposition, d'une complication, d'une résolution, d'une évaluation et d'une morale. L'importance de cette structure a conduit des auteurs comme Mandler et Johnson de l'université de Californie (1977) à proposer un modèle de compréhension fondé sur la notion de « schéma narratif ». Selon ces auteurs, à la simple lecture de la première phrase d'un récit, le lecteur s'attendrait à lire une certaine suite d'événements et pas une autre. Les lecteurs développent des attentes fondées sur les informations qu'ils lisent et ces attentes guident le traitement de la suite du texte. D'autres auteurs ont ainsi montré que les histoires conformes à la structure canonique sont toujours mieux rappelées que des histoires présentées légèrement en désordre ou sous forme de suites de phrases sans relation. Lorsque l'organisation du texte ne respecte pas la structure canonique, l'intégration des éléments textuels et la construction de la signification sont plus coûteuses pour le lecteur. Ainsi, le schéma narratif constitue un « outil » cognitif qui facilite la compréhension. Le support, de par sa structure, va donc modifier nos objectifs de lecture et par là-même les stratégies que l'on va mettre en place pour atteindre ces objectifs.

Toute structure de texte suppose l'existence, au niveau cognitif, d'un ensemble de catégories « vides » organisées en un certain ordre et remplies au fur et à mesure de la lecture du texte. Pour combler les cases vides de toute superstructure, les informations explicites du texte sont nécessaires mais non suffisantes, car un texte ne dit jamais tout et laisse implicite un grand nombre d'informations. Le lecteur va devoir inférer ce qui n'est pas dit dans le texte en utilisant les connaissances qu'il possède.

- **Les connaissances**

La compréhension d'une phrase ou d'un texte dépend fortement des connaissances et des croyances du sujet qui vont venir se combiner aux informations du texte. De cette combinaison résultera une représentation de la signification du texte. Le lecteur mobilise différents types de connaissances qui agissent sur les différents niveaux du processus de compréhension :

– des connaissances sur la langue qui permettent d'identifier les mots et les phrases et d'accéder immédiatement à leur signification lexicale ;

– des connaissances sur le texte qui permettent de repérer la structure du texte et d'activer les connaissances adéquates qui lui sont relatives ;

– et enfin des connaissances sur le monde qui permettent, entre autres, de résoudre les ambiguïtés syntaxiques du discours et de mettre en œuvre les inférences nécessaires.

Cependant, posséder les connaissances s'avère être une condition nécessaire mais non suffisante ; il faut en effet savoir comment les activer et les utiliser au cours de la compréhension d'un texte. Il est essentiel de mettre en œuvre des processus spécifiques, de posséder des stratégies et de les appliquer de manière à ce qu'ils permettent de réaliser la tâche de compréhension.

• Le contexte

Tout texte apparaît dans un contexte particulier qui influe sur la lecture et la compréhension. Le contexte correspond aux éléments de l'environnement, plus ou moins immédiat du texte et du lecteur, qui influencent la compréhension d'un texte. Ces éléments contextuels peuvent être :

– les consignes données au lecteur au moment de la phase d'apprentissage (lecture) et de la phase de récupération (questions de compréhension par exemple) vont orienter la façon dont il aborde le texte ;

– l'intérêt ou le but du lecteur : en fonction de l'objectif et des intentions du lecteur (rappeler le texte, le résumer, l'expliquer, etc.), les stratégies de lecture mises en œuvre ne seront pas les mêmes et orienteront ainsi la compréhension.

• Le rôle des titres

Nous ne pouvons parler de contexte sans parler du titre, élément de l'environnement immédiat du texte particulièrement important. Le titre peut annoncer le thème du texte, orienter l'attention du lecteur sur un aspect particulier du texte ou apporter un complément d'informations comme l'a montré le chercheur japonais Muramoto (1996). Quand le titre est un bon résumé du texte et qu'il oriente le lecteur sur les idées importantes évoquées dans le texte, il constitue une aide à la compréhension. Un titre adéquat fournit au sujet l'idée directrice du texte à laquelle s'ajoutent et s'intègrent les informations du texte au fur et à mesure de la lecture – idée directrice que le sujet ne peut découvrir qu'au fil de la lecture lorsque le texte est dépourvu de titre. Le titre agit comme un squelette, et les informations viennent remplir les différentes parties au fur et à mesure de la lecture. Cependant, si le titre d'un texte a pour but de donner le maximum d'informations pour faciliter la construction de la signification du texte, il ne doit pas en donner trop au risque de rendre la lecture de la suite inutile. L'effet facilitateur du titre disparaît d'ailleurs lorsqu'il est redondant ou que le texte est trop simple ou trop explicite.

Une recherche de Bachira Tomeh (*in* Lieury et coll., 1996) de l'université de Rouen et de ses collègues a montré l'effet de la présence du titre et de la présentation d'un texte sur la compréhension. Un texte a été présenté à deux groupes d'étudiants : le premier groupe lit le texte sans le titre et sans espace entre les paragraphes (texte non structuré), alors que le second groupe lit le texte avec le titre et des paragraphes marqués par des espaces (texte structuré). Après une lecture du texte, des questions sous forme de QCM (questionnaire à choix multiple) ou de questions ouvertes sont proposées aux étudiants.

À la lecture de la figure 3, on constate que le pourcentage d'erreurs est beaucoup plus élevé dans le cas du texte non structuré (59 %) que dans celui du texte structuré (31 %). D'autres études ont montré que la présence du titre avait un effet positif sur le rappel et la reconnaissance des inférences (De La Haye, 1998, 1999), éléments indispensables à un bon niveau de compréhension. Au cours des expériences menées, des enfants de 7, 9 et 11 ans avaient pour consigne d'écouter attentivement un texte qui leur était lu individuellement deux fois consécutives. À la suite de ces lectures, dans le cas de l'épreuve du rappel, les enfants devaient rappeler ce dont ils se souvenaient. Dans le cas de l'épreuve de reconnaissance, différents types de phrases étaient proposés aux enfants qui devaient dire si oui ou non les phrases pourraient appartenir à l'histoire qu'ils venaient d'entendre : par exemple, des phrases extraites du texte et des phrases inférentielles, qui ne faisaient pas partie de l'histoire telle quelle mais que l'on pouvait déduire à partir des informations du texte et de ses propres connaissances. Au cours des expériences, la moitié des enfants entendaient le texte avec le titre et l'autre moitié sans le titre. Les résultats confirment l'effet bénéfique du titre sur la compréhension puisque, en présence du titre, les enfants rappellent plus d'inférences et les reconnaissent mieux qu'en son absence. Le titre les a donc aidés dans la construction du modèle de situation.

Comme nous venons de le voir, les facteurs susceptibles d'influencer l'activité de compréhension sont nombreux et rendent cette activité complexe. Certains de ces facteurs sont dépendants du texte (type de texte et contexte) et d'autres du sujet (les connaissances et les objectifs du lecteur).

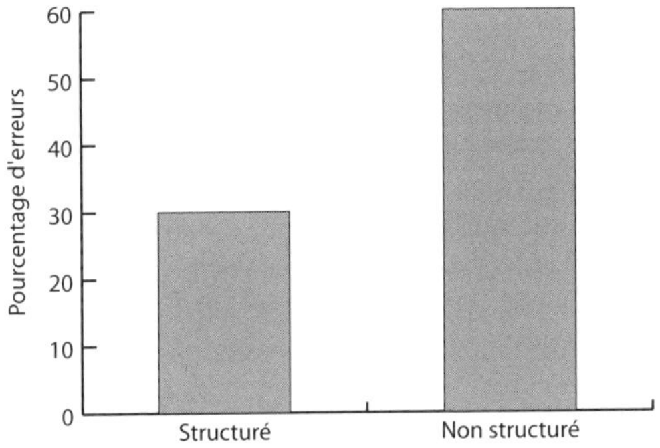

Figure 3
Augmentation des erreurs en l'absence de structuration du texte (Tomeh, Le Roch, Gestin, Chatenrault, in *Lieury et coll., 1996)*

V. LES DIFFICULTÉS DE COMPRÉHENSION EN LECTURE

Pendant longtemps, tout s'est passé comme si l'institution considérait que la compréhension allait de soi, sous réserve que le décodage soit maîtrisé et donc qu'il n'y avait pas lieu de lui consacrer un temps d'enseignement explicite. Pourtant, les difficultés de compréhension constituent un obstacle tout aussi important que les difficultés de déchiffrage dans la vie scolaire de l'élève. Pourquoi alors parle-t-on d'apprendre à lire et non d'apprendre à comprendre ? Au même titre que le décodage, enseigné explicitement, la compréhension peut et doit s'enseigner (*cf.* paragraphe VI).

Pour les élèves en phase d'apprentissage, les différents processus cognitifs qui permettent la compréhension définissent autant de sources potentielles de difficultés. Il faut, entre autres, distinguer les difficultés spécifiquement liées à l'identification des mots, d'une part, et les difficultés de compréhension des textes, d'autre part.

1. Les niveaux de traitement linguistique

Collins et Smith (1982) ont identifié plusieurs causes de l'échec en compréhension, en recherchant leur origine à différents niveaux du traitement linguistique :

– le mot : la présence d'un mot dont on ne connaît pas la signification peut altérer la compréhension ;

– la phrase : une structure syntaxique complexe ou nouvelle pour un lecteur peut compromettre la compréhension ;

– la relation interphrases : on peut parfaitement comprendre isolément les différentes phrases d'un texte mais être incapable de les relier entre elles, et, dans ce cas, la compréhension ne peut aboutir ;

– le texte : les difficultés de compréhension liées à la dimension textuelle sont nombreuses.

En tant que partie de la mémoire à long terme dans laquelle sont stockés tous les mots que nous connaissons, le lexique mental représente la base de connaissances de chaque individu. Il est important de l'enrichir, puisqu'elle participe activement à l'identification des mots écrits mais également à l'élaboration de la signification. Plus le lexique est riche et varié, plus l'accès à la compréhension sera facilité, puisque l'attention du lecteur sera moins focalisée sur l'identification des mots et donc moins mobilisée. Des activités spécifiques destinées à développer le lexique des élèves peuvent donc s'avérer tout à fait bénéfiques. Au cycle 2, les nouveaux programmes préconisent de sensibiliser les élèves à l'acquisition du vocabulaire : « par des activités spécifiques en classe, mais aussi dans tous les enseignements, l'élève acquiert quotidiennement des mots nouveaux. En étendant son vocabulaire, il accroît sa capacité à se repérer dans le monde qui l'entoure, à mettre des mots sur ses expériences, ses opinions et ses sentiments, à comprendre ce qu'il écoute et ce qu'il lit, et à s'exprimer de façon précise à l'oral comme à l'écrit. [...] » *(Qu'apprend-on à l'école élémentaire ?*, Nouveaux programmes, Paris, CNDP, XO Éditions, 2008, p. 39).

Il est important de rester vigilant quant au nombre de mots nouveaux présentés aux élèves afin de ne pas surcharger leur mémoire. L'inventaire du vocabulaire dans les manuels scolaires utilisés en collège (*cf.* chapitre 2) révèle une surcharge importante de mots nouveaux qui sont autant d'obstacles à la compréhension. Nous savons par exemple qu'à partir de 2 % de mots inconnus dans un texte, un élève de CE2 ne le comprendra pas. Il y a donc nécessairement un travail d'accompagnement, d'explicitation et d'étude des mots du texte à mener et il faut absolument cet étayage pour que la compréhension soit possible.

Des activités spécifiques destinées à développer le lexique des élèves sont donc indispensables. Afin de préparer au mieux ces activités destinées à accroître le vocabulaire des élèves, certains outils peuvent s'avérer tout à fait utiles. Bernard Lété, de l'université de Lyon, et ses collaborateurs, ont conçu en 2004 MANULEX, une base de données lexicales qui fournit les fréquences d'occurrences de presque 50 000 formes orthographiques extraites d'un corpus de 54 manuels scolaires de lecture. Librement accessible sur Internet, la base est à la disposition des chercheurs qui travaillent notamment sur l'acquisition de la lecture. Ils y trouveront des normes fiables et actualisées de l'exposition à l'écrit des enfants à trois niveaux d'âge : CP, CE1 et cycle 3. Pour l'enseignement du vocabulaire, les enseignants du primaire pourront extraire de ces tables de fréquence des listes de mots adaptées aux enfants des cycles 2 et 3.

Dans le domaine de l'orthographe, l'échelle d'orthographe usuelle française de Duboys-Buyse (1988) propose un recensement du vocabulaire de base de la langue écrite de l'enfant de 6 à 16 ans et permet ainsi de tenir compte au mieux de la base de connaissances des élèves. Plus récemment, Béatrice et Philippe Pothier ont publié, en 2004, EOLE, une échelle d'acquisition en orthographe lexicale destinée à l'école élémentaire. Cet outil permet de connaître le niveau d'acquisition des 12 000 mots les plus courants, à l'écrit, dans les années 2000, par classe, du CP au CM2.

Dans une étude menée à la demande de la Direction de l'enseignement scolaire, Roland Goigoux (2000) analyse les pratiques des enseignants spécialisés auprès d'adolescents en grande difficulté de lecture (scolarisés en SEGPA, section d'enseignement général et professionnel adapté) et constate que « les maîtres considèrent le vocabulaire comme l'une des sources majeures des difficultés des élèves en lecture. Mais s'ils se servent des textes pour étendre les connaissances lexicales des élèves, ils choisissent très rarement de travailler sur des supports dont le vocabulaire serait familier aux élèves pour leur permettre de centrer toute leur attention sur d'autres niveaux de traitements (phrases, textuels) et d'autres procédures ». Un travail préalable mené avec les élèves afin de s'assurer que les mots leur sont familiers semble donc utile. De la même manière, il est possible d'attirer l'attention du lecteur sur certains mots en les rendant saillants (changement de police de caractère, changement de style : gras, italique, synonyme ou définition du mot indiquée dans la marge, etc.).

2. Difficultés de décodage ou difficultés de compréhension ?

Nous l'avons vu, les élèves qui éprouvent des difficultés à identifier les mots en fin d'école élémentaire ne peuvent pas, en termes de ressources cognitives et attentionnelles, traiter une activité de compréhension en même temps que l'activité de lecture. L'objectif est donc de rendre automatique le plus rapidement possible cette phase d'identification des mots écrits.

Les difficultés de compréhension rencontrées par certains élèves sont-elles essentiellement dues à un niveau de décodage insuffisant comme le défend l'Américain Perfetti (1985, 1988) ou à des problèmes spécifiques de compréhension comme le pensent d'autres auteurs comme Oakhill (Cain et Oakhill, 2004) ? Sur ce point, les profils de certains élèves nous permettent de penser que ces deux hypothèses ne sont pas exclusives.

De nombreuses études montrent que les lecteurs qui ne maîtrisent pas suffisamment le décodage accèdent difficilement à un niveau de compréhension satisfaisant (Perfetti, 1988 ; Yuill et Oakhill, 1991). Les difficultés de reconnaissance des mots n'expliquent, cependant, les difficultés de compréhension que d'une partie seulement des mauvais lecteurs. À niveau de décodage égal, certains enfants présentent plus que d'autres des déficits de compréhension que l'on peut alors qualifier de spécifiques (Cain et Oakhill, 2004, 2007).

Certains enfants sont incapables de répondre à des questions de compréhension après avoir lu un texte mais sont tout à fait capables de le faire si ce même texte leur est lu. Passer par la compréhension orale et non uniquement par la compréhension écrite s'avère donc nécessaire à un moment donné afin d'établir un « diagnostic » fiable, pour savoir si les difficultés concernent le décodage ou la compréhension ou les deux à la fois et ainsi proposer une remédiation adaptée. « Ces deux types de difficultés posent le problème de l'articulation de deux objectifs difficiles à concilier, au moins initialement : l'apprentissage du traitement du code et le travail relatif à la compréhension. Une possibilité consiste, sans dissocier les deux, à concevoir des activités ayant pour dominante de travailler soit sur le code soit sur la compréhension, par exemple en abordant cette dernière essentiellement (et temporairement) à partir de textes oralisés par l'enseignant(e), de manière que l'activité de compréhension s'exerce sur un support qui présente toutes les qualités de la langue écrite, et que le traitement du code se trouve renvoyé à un autre moment et à d'autres activités » (Gaonac'h et Fayol, 2003).

Parmi les principales sources de difficultés de compréhension liées au texte, nous retiendrons :

– la prise en compte des anaphores, des connecteurs, de la ponctuation… ;

– la capacité à dégager l'idée essentielle d'un texte ;

– la production d'inférences et l'élaboration du modèle de situation ;

– la capacité d'autorégulation ou autoévaluation.

3. Le traitement des marques linguistiques (ponctuation, connecteurs…)

Une maîtrise insuffisante des marques linguistiques, tels que les marques de ponctuation, les connecteurs, les formes verbales, les reprises anaphoriques, etc., peut compromettre la compréhension, comme chez cet élève de CE2 qui, à la question posée lors de l'évaluation nationale « La nuit, qui couve les œufs ? » répondait : « C'est la nuit qui couve les œufs. »

La ponctuation jouerait, entre autres, un rôle d'intégration des informations nouvellement lues aux informations précédemment traitées et participerait ainsi activement à la compréhension. Pourtant, on sait que les enfants de 10-11 ans ne traitent pas encore différentiellement et systématiquement toutes les marques de ponctuation.

Dans une expérience, Bearison et Levey (1977) ont demandé à des enfants d'émettre des jugements (« réponse possible » ou « réponse impossible ») sur des questions qui portent sur des énoncés présentés préalablement. Certaines questions contiennent des pronoms anaphoriques ambigus : exemple : « Jane a eu une bicyclette pour Noël et Mary a eu un nouveau manteau. » Si on pose la question suivante aux sujets « Qu'a-t-elle eu pour Noël, une bicyclette ou un nouveau manteau ? », les résultats sont les suivants : les questions ambiguës sont généralement acceptées par les enfants de 5-6 ans (seulement 28 % des enfants de 5-6 ans disent qu'ils ne peuvent pas répondre), à 7-8 ans, le taux de rejet est proche de ce que donnerait une réponse au hasard (58 %), et il faut attendre 9-10 ans pour qu'elles soient significativement rejetées (85 %).

Dans une tâche de compréhension, Wykes (1981) trouve que certains enfants sont capables, dès 4 ans, d'assigner correctement la coréférence des pronoms dans des phrases du type : « Jane avait besoin du crayon de Susan. Elle le lui donna. » Toutefois, beaucoup d'enfants semblent appliquer une stratégie qui consiste à prendre comme antécédent le premier substantif et ceci même quand, plus âgés, ils se rendent compte que cette attribution contredit leur prédiction.

La collection A.R.T.H.U.R. (1989, 4 niveaux du CE1 au CM2) propose des exercices permettant de développer les différentes aptitudes nécessaires à l'acte de lire. Cette collection propose des activités portant sur des mots, des phrases ou des textes dont les degrés de complexité augmentent progressivement d'un niveau à l'autre et permet de travailler entre autres le vocabulaire, la vitesse de lecture, la syntaxe, la recherche d'informations ou encore la compréhension de textes. Elle peut s'avérer très utile aux enseignants désireux de remédier aux difficultés d'apprentissage de leurs élèves, car elle fournit les moyens d'adapter les actions pédagogiques aux difficultés rencontrées. Dans le domaine de la prise en compte des marques linguistiques, elle propose un nombre non négligeable d'exercices.

> Exemple d'exercice destiné à améliorer la prise en compte des marques linguistiques des élèves :
>
> Dans chaque groupe, les phrases sont identiques, mais une phrase sur deux est mal ponctuée. Coche la phrase qui a la bonne ponctuation.
>
> 1. Il lui demanda les clefs, sont dans ton sac ? a. ❑
> Il lui demanda : « les clefs sont dans ton sac ? » b. ❑
> 2. Comment ! Tu n'as pas fait tes devoirs ? a. ❑
> Comment tu n'as pas fait tes devoirs ? b. ❑
> 3. Alors, les vacances se sont-elles bien passées ? a. ❑
> Alors, les vacances, se sont-elles bien passées ? b. ❑
> 4. Bien, sûr ce jouet est fourni sans piles. a. ❑
> Bien sûr, ce jouet est fourni sans piles ! b. ❑
> 5. « Cher ami, dit-il, ennuyé, voici venir un bel orage ! » a. ❑
> « Cher ami, dit-il », ennuyé, voici venir un bel orage ! b. ❑
>
> A.R.T.H.U.R., niveau 3, pp. 100-101.

Les anaphores jouent également un rôle extrêmement important dans la compréhension en participant activement à la cohérence du texte. Plusieurs auteurs ont étudié l'évolution de la compréhension des référents au cours du développement (García Madruga et coll., 1997). Chez l'enfant, on constate parfois dès 2 ans, une utilisation étonnamment adaptée des pronoms et des articles pour différencier la simple reprise de l'introduction d'une nouvelle référence. Ce n'est cependant qu'après 8 ou 10 ans que l'utilisation de l'anaphore devient comparable à celle qu'en fait l'adulte.

4. La capacité à identifier l'idée principale

Il s'agit de la capacité à identifier ou construire l'idée principale d'un passage ou d'un texte. En tant que processus de haut niveau au sein de l'activité de compréhension, cette capacité s'avère difficile, voire impossible pour un faible compreneur. Il lui est difficile d'identifier le thème principal du texte, de donner un titre à l'histoire qu'il vient de lire ou encore de faire un résumé. Cette difficulté réside dans le fait de ne pas percevoir les relations qui existent entre les différentes informations et à établir une représentation globale et cohérente du texte.

Dans ce cas, il est possible et souhaitable d'aider les élèves en difficulté à l'interprétation en leur demandant de thématiser des sous-parties pour pouvoir, à terme, thématiser l'ensemble du texte. Ce procédé leur permet d'apprendre à dégager les idées essentielles d'un passage, d'inhiber les informations non pertinentes afin d'alléger leur mémoire, en leur permettant de conserver un nombre d'informations moins important.

Certains élèves sont persuadés que pour comprendre un texte, il est important de tout retenir, ce qui est impossible du fait de nos capacités limitées de mémoire.

Proposer des activités spécifiques au cours desquelles on propose aux élèves mauvais compreneurs non pas de produire un titre ou un résumé, mais de choisir parmi plusieurs titres ou plusieurs résumés celui qui leur semble convenir le mieux à ce qu'ils viennent de lire, semble particulièrement adapté et prometteur.

De telles activités sont également proposées dans la collection A.R.T.H.U.R. à partir desquelles il est possible de prévoir une progression à partir de phrases puis de textes courts et enfin de textes longs.

- Activité permettant de travailler le titre

Pour chaque phrase, Arthur te propose trois titres. Coche le bon.

1. Le père de Christophe rentre de la chasse ; il a tué, avec ses amis chasseurs, un sanglier de 200 kg.

CHRISTOPHE ❑ UNE BELLE SOIRÉE ❑ UNE BELLE CHASSE ❑

2. Les élèves de CM2 sont allés 8 jours en classe de neige dans les Alpes. Ils ont skié et visité une ferme montagnarde.
SÉJOUR A LA MONTAGNE ❑ LA MONTAGNE ❑ LA NEIGE ❑

3. La station-service est fermée et je n'ai plus une goutte d'essence dans le réservoir de ma voiture. Quelle catastrophe !
UN ACCIDENT ❑ LA PANNE SÈCHE ❑ LA PANNE ❑

A.R.T.H.U.R., niveau 2, p. 101.

• Activité permettant de travailler le résumé
Lis attentivement chaque phrase. Puis choisis parmi les trois propositions faites à la suite, celui des trois résumés qui convient le mieux.

1. Une jeune femme de 28 ans, originaire de l'Isère, a battu le record du monde de 100 m brasse à São Paulo.
a. ❑ La jeune femme est française.
b. ❑ La jeune femme a battu un record de natation.
c. ❑ La jeune femme nage bien.

A.R.T.H.U.R., niveau 3, p. 68.

À capacité d'identification des mots équivalente, il ressort de nombreux travaux (Oakhill, 1986 ; Oakhill et Yuill, 1996 ; Perfetti, Marron et Foltz, 1996 ; Goigoux, 2000) que deux dimensions différencient les bons des moins bons compreneurs : l'habileté à effectuer des inférences et la capacité à évaluer et contrôler sa propre compréhension (capacité d'autorégulation).

5. La production des inférences ou le rétablissement de l'implicite

Pour ne pas surcharger le lecteur en informations et par souci de dynamisme de communication, un énoncé n'est jamais complet, « il ne dit pas tout » et renferme toujours une part plus ou moins importante d'implicite que le lecteur se doit de combler pour parvenir à sa compréhension. Ainsi, au-delà de la maîtrise du code, à l'écrit, cette compétence à construire le sens d'un texte (qui contient parfois une quantité importante d'informations implicites) est déterminante dans l'acte de lecture. En intégrant ses connaissances aux informations du texte, le lecteur l'enrichit et élabore une représentation personnelle de la signification du texte. On appelle ces enrichissements déduits des connaissances du lecteur, des inférences. En d'autres termes, les inférences résultent d'une interaction entre les informations du texte et les connaissances propres au lecteur et lui permettent de construire une représentation personnalisée du texte. Les inférences sont donc indispensables à une bonne compréhension. C'est pourquoi on suppose qu'un bon lecteur intègre les informations du texte à sa propre base de connaissances et produit des inférences avec plus de facilité qu'un mauvais lecteur.

Certains chercheurs dont Jane Oakhill de l'université de Sussex en Angleterre associent d'ailleurs les problèmes de compréhension aux difficultés à produire des inférences.

L'une des différences récurrentes entre bons et mauvais compreneurs est cette difficulté à produire des inférences. Tout se passe comme si certains élèves s'empêchaient de combler l'implicite, comme s'ils ne s'autorisaient pas à aller au-delà du texte. Ils ne semblent pas être conscients qu'il s'agit d'une capacité nécessaire pour atteindre un bon niveau de compréhension.

Dans cette situation, plusieurs hypothèses complémentaires sont envisageables. L'une d'elles est que les élèves ont une mauvaise représentation de l'activité de lecture (qui peut être induite par les pratiques enseignantes qui consistent majoritairement à poser des questions littérales dont la réponse se trouve dans le texte (Goigoux et Thomazet, 1999)) : ils ne savent pas qu'un texte ne dit pas tout et qu'il est nécessaire de l'enrichir au regard de ses connaissances. Une autre hypothèse est que les élèves savent qu'il convient de combler l'implicite mais n'y parviennent pas parce qu'ils n'ont pas les connaissances suffisantes ou la capacité à repérer les manques ; dans ce dernier cas, une mauvaise utilisation des stratégies métacognitives, permettant d'évaluer et de contrôler l'activité en cours, pourrait en être à l'origine.

« Hippo n'arrête pas de miauler. Il est enfermé depuis des heures à la cave. » En lisant cet énoncé, la plupart des lecteurs diront, si on leur demande, que l'information qu'il contient est suffisamment explicite. Pourtant, pour comprendre que « Hippo est un chat » et construire une représentation cohérente de l'information que contient cet énoncé, il est nécessaire de produire une ou plusieurs inférences.

Une des différences essentielles entre les bons et les mauvais compreneurs est cette difficulté à produire des inférences (Oakhill, 1986 ; Oakhill et Yuill, 1996 ; Perfetti, Marron et Foltz, 1996). Les élèves les plus en difficulté de lecture-compréhension obtiennent, en moyenne, de bons résultats lorsqu'il s'agit de prélever directement une information dans un texte mais réussissent difficilement les tâches qui nécessitent un traitement de l'information et l'élaboration d'inférences (Fayol et coll., 1998, 2000 ; De La

Haye et Bonneton-Botté, 2007). Dans leur ouvrage collectif publié par l'ONL (Observatoire National de la Lecture, 2000), Michel Fayol et coll. constatent que « devant un texte d'une quinzaine de lignes, 85 % à 90 % des élèves sont capables de prélever une information figurant littéralement dans le texte. Dès que le prélèvement direct d'informations ne suffit plus pour répondre, les performances chutent. Ainsi, relier entre eux des éléments présents dans le texte en les interprétant est une opération encore délicate, tout comme élaborer des inférences. Il en est de même pour l'accès au sens global d'un texte ; les scores de réussite sont alors de 40 % à 60 % en fonction de la nature du texte ».

Les inférences jouent un rôle primordial dans la compréhension, car elles participent activement et pour une large part à la construction du modèle de situation et permettent entre autres de réduire l'ambiguïté lexicale, de résoudre les références anaphoriques, d'identifier le contexte, de reconnaître les événements non congruents ou encore de prédire les causes et les conséquences des événements.

Il n'existe, à l'heure actuelle, aucun consensus concernant la classification des inférences, mais la distinction la plus fréquente a consisté à séparer les inférences de liaison, les inférences causales et les inférences d'élaboration. Les premières ne font pas appel à d'autres informations que celles données dans le texte. Elles sont dites nécessaires, car elles sont indispensables à l'établissement de la cohérence locale du texte et donc à sa compréhension (exemple : les deux phrases suivantes issues d'un même texte mais situées à deux endroits différents dans le texte : « Julien est grand… Julien est intelligent », l'inférence consiste à dire que Julien réfère dans les deux cas à la même personne et donc à connecter les deux phrases en disant que « Julien est grand **et** intelligent »). Les inférences d'élaboration, à l'inverse des précédentes, mobilisent les connaissances des lecteurs et, sans leur construction, la cohérence locale du texte n'est pas compromise (exemple : « Le jour J est arrivé. Les résultats du baccalauréat sont enfin affichés sur les portes du lycée. À la sortie, la jeune fille saute de joie » : l'inférence consiste à dire que la jeune fille a obtenu son baccalauréat). Enfin, les inférences causales constituent un cas particulier d'inférences d'élaboration. Elles ont pour fonction d'établir des relations de cause à effet entre deux faits. Elles se traduisent par exemple par l'ajout d'un connecteur causal entre deux informations (exemple : « Le chat avait soif. Il a bu tout son bol de lait », l'inférence possible consiste à dire que « le chat a bu tout son bol de lait *car* il avait soif »).

Les propositions qui suivent ont pour objectif d'améliorer les capacités inférentielles des élèves.

> Le simple fait de poser des questions du type « pourquoi l'action s'est-elle produite ? », « comment ? », « que se passe-t-il après ? », à la suite d'une phrase ou d'un paragraphe, permet de faire produire différents types d'inférences d'élaboration aux élèves. En effet, en réponse à la question « pourquoi ? », on produit une inférence de type « antécédent causal » (la cause de l'événement) ; à la question « comment ? », une inférence de type « action subordonnée » (les différentes actions menées par les personnages pour produire l'action) ; à la question « que se passe-t-il après ? », on répond par une inférence de type « conséquence causale » (la conséquence de l'événement, la suite de l'histoire).

> Exemple extrait du texte *Le Roi et ses filles* (traduction française du texte *The Czar and his Daughters*, Rumelhart, 1977) :
> « Il était une fois un roi qui avait trois charmantes filles. Un jour, les trois filles allèrent se promener dans les bois. Elles s'amusèrent tellement qu'elles en oublièrent le temps et restèrent trop longtemps. Un dragon kidnappa les trois filles [...] »
> En réponse à la question « pourquoi le dragon kidnappa les trois filles ? », on peut inférer que « le dragon les trouvait jolies ou qu'il avait envie de les manger » ; en réponse à la question « que se passe-t-il après ? », on peut inférer que « le dragon a emmené les trois filles dans sa grotte puis les a mangées » et en réponse à la question « comment ? », on peut inférer que « le dragon les a kidnappées en s'aidant de ses pattes griffues ». Les inférences proposées en exemple sont possibles mais non exhaustives. Celles qui seront produites par le lecteur seront confirmées ou infirmées par la suite des informations du texte.

Un certain nombre de recherches (Goigoux, 2003 ; Rémond, 2003) ont démontré qu'il est possible de mettre en œuvre un enseignement spécifique de la compréhension et que cet enseignement améliore réellement les performances en lecture des élèves qui en bénéficient.

L'existence et l'expansion de telles activités spécifiques, proposées en vue d'améliorer les capacités inférentielles des élèves, révèlent la volonté désormais avérée de remédier à ce type de difficulté présente chez bon nombre d'élèves, ainsi que la conviction que cette capacité doit et peut s'enseigner. Pourtant, dans son étude menée auprès des enseignants de SEGPA, Roland Goigoux a pu observer que, toujours dans la logique d'éviter l'échec et d'assurer la réussite des élèves, « les recherches d'informations ou les réponses brèves à des questions littérales sont des pratiques très majoritaires car ce sont celles qui assurent la plus grande participation de tous et le meilleur taux de réussite ». Contrairement à cette pratique courante, il s'avère donc nécessaire, à certains moments, d'accepter de placer les élèves en situation de difficulté en vue, à long terme, d'améliorer leurs performances dans ce domaine.

6. La capacité d'autorégulation

Par autorégulation, nous entendons la capacité à évaluer son propre niveau de compréhension, à repérer, en cas de difficultés, l'absence de compréhension et à mettre en œuvre les stratégies adéquates pour remédier aux difficultés éventuelles. De telles stratégies consistent, entre autres, à réguler sa vitesse de lecture, effectuer des retours en arrière dans le texte pour revenir, par exemple, sur des passages lus antérieurement et susceptibles d'être à l'origine des difficultés, porter plus d'attention aux parties qui semblent plus ardues, faire des résumés intermédiaires, se poser des questions sur la signification de ce qui vient d'être lu, etc.

Les bons et mauvais compreneurs se distinguent par cette capacité d'autorégulation (Cain et Oakhill, 2004 ; Goigoux, 2000, 2003). Certains mauvais compreneurs éprouvent des difficultés à se rendre compte de la défaillance de leur compréhension ou/et ne connaissent pas les stratégies susceptibles de l'améliorer et, de ce fait, sont tout à fait incapables de les mettre en œuvre. D'autres connaissent ces stratégies mais les utilisent à mauvais escient ou ne les emploient pas car ils n'en perçoivent pas l'utilité. En revanche, même si les bons compreneurs ne procèdent pas toujours à une évaluation de leur niveau de compréhension, ils se montrent plus à même d'utiliser les stratégies nécessaires à son amélioration (Fayol, 2000).

Dans un ouvrage collectif, Roland Goigoux (*in* Gaonac'h et Fayol, 2003) montre l'importance de cette autorégulation en compréhension et présente une proposition didactique extrêmement intéressante et pertinente. Elle vise à décrire une manière possible de l'enseigner aux élèves et présente l'avantage d'être facilement utilisable par les maîtres. Partant du constat que les questionnaires sont les tâches d'évaluation les plus fréquemment utilisées en classe, il montre qu'ils peuvent être une aide pour les bons compreneurs mais que pour les mauvais compreneurs, qui emploient des stratégies souvent inadéquates pour y répondre, les questionnaires peuvent augmenter leur incompréhension. L'auteur propose une démarche au cours de laquelle le maître va aider les élèves à interroger le texte plutôt qu'à les interroger sur le texte. L'objectif est de permettre aux élèves de bénéficier du traitement des questionnaires, car, très souvent, les mauvais compreneurs n'ont pas conscience que le questionnaire peut les aider à mieux comprendre. L'originalité de ce travail réside, entre autres, dans le fait qu'au lieu de placer les élèves face à un texte et des questions auxquelles ils doivent répondre (ce qui est généralement le cas), il leur propose un texte accompagné de questions et de réponses à ces questions. L'objectif est de permettre aux élèves de percevoir les procédures qui ont permis de construire les réponses afin qu'ils puissent se les approprier. Nous ne nous décrirons pas l'ensemble des phases préconisées dans cette démarche, mais nous vous invitons à vous reporter à l'ouvrage dans lequel elle est présentée.

VI. ENSEIGNER LA COMPRÉHENSION ?

Ce qui vient d'être explicité conduit naturellement à s'interroger sur les contenus d'enseignement : les procédures et stratégies de compréhension ne doivent-elles pas être enseignées ? Comme bon nombre d'auteurs, nous nous inscrivons dans l'idée qu'au même titre que le décodage, enseigné explicitement, la compréhension peut et doit s'enseigner.

Parmi les six principales composantes relatives à l'enseignement de la lecture (Goigoux et Cèbe, 2006), la compréhension des textes est, jusqu'à présent, la seule composante qui ne fait pas l'objet, de manière systématique, d'un enseignement spécifique.

Pourtant, il n'est pas rare d'entendre des enseignants se plaindre du faible niveau de compréhension ou des difficultés de compréhension de certains de leurs élèves.

Aujourd'hui, les programmes de l'école primaire insistent sur le fait que la compréhension doit, très tôt dans la scolarité de l'élève (avant même qu'il ne sache décoder), faire l'objet d'un enseignement explicite.

Du côté des pratiques pédagogiques, dans le domaine de l'implicite, par exemple, les programmes distinguent l'enseignement de la compréhension immédiate des mots et des phrases et celle de la compréhension logique ou compréhension fine. Pourtant, Benoit et Boule (2001) mettent en évidence un décalage entre ces objectifs préconisés et l'enseignement effectivement réalisé qui est, quant à eux, davantage orienté sur la compréhension explicite.

L'analyse des pratiques pédagogiques (Benoit et Boule, 2001 ; Goigoux, 2000), dans le domaine spécifique de la compréhension, met selon nous en évidence ce que nous considérons comme une lacune de l'enseignement : les élèves ne sont que très peu sollicités sur le registre de la compréhension implicite, quand ils ne sont pas simplement « encouragés » à penser que toute information (et par conséquent toute réponse) concernant le contenu d'un texte y figure explicitement. À l'encontre de cette pratique courante, nous pensons qu'il peut s'avérer parfois nécessaire de placer les élèves en situation de recherche (les mettre, par exemple, en présence et en recherche d'implicite) en vue de parfaire, à long terme, leurs compétences dans ce domaine. Proposer uniquement des questions explicites à des élèves en difficulté pour évaluer leur niveau de compréhension pourrait retarder leur prise de conscience de la présence de l'implicite ainsi que la nécessité de le combler par des inférences. De fait, cela ne ferait que les conforter dans leurs représentations erronées de la lecture.

Un certain nombre de recherches (Goigoux, 2003 ; Rémond, 2003) ont démontré qu'il est possible de mettre en œuvre un enseignement spécifique de la compréhension et que cet enseignement améliore réellement les performances en lecture des élèves qui en bénéficient. Ces travaux mettent l'accent sur l'acquisition d'un comportement de lecteur actif et autorégulé qui s'exerce à travers l'utilisation de stratégies utiles à la compréhension.

Yuill et Oakhill (1988) ont proposé à des enfants des activités d'entraînement à la production d'inférences. Ils ont incité de mauvais compreneurs à répondre à des questions de vocabulaire, à poser des questions sur le texte et enfin à prédire la suite du texte. Les résultats de tels entraînements sont prometteurs et laissent supposer que la systématisation de telles pratiques au sein des pratiques scolaires inciterait les élèves à produire spontanément des inférences et à enrichir le texte au regard de leurs connaissances.

Jean-Pol Rocquet a également proposé de telles activités d'entraînement sous la forme d'énoncés courts suivis systématiquement de deux questions : une question littérale (dont la réponse se trouve dans le texte) et une question inférentielle (dont la réponse ne se trouve pas dans le texte mais dans l'interaction entre les informations du texte et les connaissances du lecteur).

> Exemples :
>
> 1. Dans ma famille, nous sommes quatre : mon père, ma mère, ma petite sœur de dix ans et moi. Nous habitons à Rennes. Aujourd'hui, nous avons décidé d'aller à la mer. Peu avant le départ, papa nous dit : « Pressez-vous ou vous ne serez jamais prêtes à l'heure ! ».
>   a. Où avons-nous décidé d'aller aujourd'hui ?
>   b. Suis-je une fille ou un garçon ?
>
> 2. Avant de monter, Pierre composta son billet. Soudain il s'aperçut qu'il s'était trompé de destination. Il alla prévenir le contrôleur.
>   a. Qui Pierre va-t-il prévenir ?
>   b. Où est Pierre ?

Plus récemment, De La Haye et Bonneton-Botté (2009) ont testé l'efficacité d'un programme d'entraînement à remédier aux difficultés de compréhension en lecture des élèves, tout particulièrement en développant leur capacité à produire des inférences. Les résultats montrent une amélioration significative des performances en compréhension des élèves qui ont bénéficié de cet entraînement comparativement à celles des élèves non entraînés.

Gorzegno et ses collaborateurs ont publié en 2008 un outil permettant d'apprendre à inférer aux élèves de la Grande Section de maternelle au CM2 (*Stratégies pour lire au quotidien. Apprendre à inférer de la GS au CM2*, Dijon, CRDP de Bourgogne).

Récemment, Cèbe et Goigoux (2009) ont publié un outil complet d'enseignement de la compréhension destiné aux enfants de CM1, CM2, 6e et EGPA.

Les programmes scolaires, en accord avec les résultats de cette recherche, préconisent aux enseignants d'enseigner la compréhension, dès la maternelle, sans attendre que les processus d'identification des mots ne soient installés. Ce premier enseignement de la compréhension, effectué à l'oral, permettra aux enseignants d'aborder avec eux la question de l'implicite et d'autres compétences nécessaires à la compréhension. Avec l'apprentissage de l'écrit, les élèves apprendront par la suite des stratégies de compréhension spécifiques de l'écrit (telles que la régulation de leur vitesse de lecture, la prise en compte d'indices propres à l'écrit, comme la ponctuation, les marques de pluriel, etc.).

Enfin, nous pensons que l'enseignement de la compréhension peut s'avérer utile et nécessaire pour accroître, chez les élèves en difficulté, la motivation et l'intérêt pour la lecture de textes. En effet, les élèves en difficulté sont ceux qui ont le plus besoin que soit explicité le sens des activités scolaires qui leur sont proposées (Benoit et Boule, 2001).

En résumé, pour une pédagogie adaptée de la compréhension en lecture, certains points doivent être retenus et certaines règles respectées :

– proposer des activités axées sur le vocabulaire afin d'accroître le lexique des élèves peut, à terme, améliorer leur compréhension ;

– proposer des activités visant à améliorer les capacités d'analyse syntaxique ;
– proposer, aux élèves qui en ont besoin, des textes dont les titres constituent de réels résumés peut constituer une aide à la compréhension ;
– aider les élèves en difficulté à effectuer des résumés intermédiaires ;
– alterner les tâches d'évaluation en compréhension : tâches de questionnement (questionnaires oraux ou écrits), de reformulation, de résumé, de rappel, de reconnaissance, de dessin… ;
– alterner les questions littérales et les questions inférentielles ;
– apprendre aux élèves les procédures nécessaires à la compréhension afin qu'ils se les approprient et les utilisent à bon escient.

Chapitre 4

L'intelligence et la résolution de problèmes

L'intelligence est un terme imprécis qui a conduit les scientifiques, depuis la fin du XIXe siècle, à s'orienter sur des pistes de recherche parfois fort divergentes. En résumant un siècle de recherche, on peut dire maintenant que l'intelligence est utilisée (par les scientifiques) dans trois sens principaux.

Le sens le plus courant est le sens de capacités mentales (cognitives) en général. Ces capacités sont très étendues, elles recouvrent notamment le langage, le raisonnement, la perception, la mémoire, mais aussi (notamment chez le jeune enfant) les habiletés sensorielles et motrices. C'est d'ailleurs cette définition qui est employée dans les tests les plus courants, et un jeune enfant sera considéré comme normalement intelligent s'il est capable de dessiner un cercle ou de dire son prénom, alors qu'il n'y a pas tellement de rapport entre ces différentes aptitudes. Le deuxième sens a été principalement découvert par les psychologues, quoique déjà anticipé par certains savants des siècles passés comme Descartes : c'est le sens de raisonnement. Enfin, il existe un troisième sens du mot intelligence, c'est la culture. Être intelligent, c'est être cultivé. La culture c'est l'ensemble des connaissances qui reposent sur la mémoire et les apprentissages, donc sur le rôle de la société et particulièrement de l'école.

I. LES TESTS D'INTELLIGENCE

1. Pourquoi avoir inventé les tests ?

Alfred Binet (1857-1911) est considéré comme l'inventeur du premier test ayant une certaine valeur prédictive (sur la réussite scolaire). Mais le mot « test » lui-même avait été introduit par l'Américain James McKeen Cattell (1890).

Au cours du XIXe siècle, les idées du médecin allemand Franz Josef Gall (1758-1828) firent fureur. Selon cette théorie, appelée

« phrénologie » (de *phreno* qui veut dire *esprit* en grec), les fonctions psychologiques sont localisées dans le cerveau. Bonne idée dans son principe, mais Franz Gall pense que le développement d'une aptitude détermine un grossissement de la zone correspondante du cerveau et entraîne une déformation du crâne dans cette région. L'idée devient très populaire sous le nom de la théorie des bosses dont les expressions « avoir la bosse des maths », « avoir la bosse du commerce », etc., en sont une survivance. Naturellement, celui qui a un grand développement de toutes les fonctions psychologiques devrait avoir... une « grosse tête » !

Alfred Binet, ce grand pionnier de la psychologie scientifique, s'attelle à cette théorie en vogue et, avec son ami le docteur Théodore Simon (qui dirige un institut pour déficients mentaux), il va mesurer des centaines de têtes. Le problème n'est pas si simple, et il faut effectuer des tas de mesures compliquées du haut du nez au bas de l'occiput, d'un côté à l'autre du crâne en partant des oreilles. Bref, cela n'est pas commode, mais Binet publiera plusieurs articles sur ces recherches pour finalement abandonner. Tout au plus, trouve-t-il que les déficients mentaux sont caractérisés par des extrêmes plus importants, des têtes plus petites mais aussi des têtes plus grosses. Ainsi, dans une maladie appelée hydrocéphalie, le cerveau sécrète un excès de liquide céphalorachidien dans des vésicules internes provoquant une distension du crâne qui fait ressembler ces enfants à des extraterrestres avec un très grand front et un crâne hyperdéveloppé. Malheureusement, le cerveau lui-même est comprimé, ce qui aboutit à une déficience mentale ; les grosses têtes ne sont pas toutes des génies !

Binet développe donc une approche complètement différente consistant à mesurer ce qu'il nomme les processus supérieurs : la mémoire, la compréhension, le raisonnement, etc. Tandis qu'il mesure des têtes, il entreprend parallèlement des études sur l'intelligence de l'enfant, en étudiant ses capacités à résoudre des situations de la vie courante, connaissances générales, mémoire de phrases, ou de la vie scolaire, calcul, vocabulaire, etc. Une circonstance officielle a été un élément déclenchant. Le ministère de l'Instruction publique (l'Éducation nationale de l'époque) instaure une commission pour le dépistage des arriérés, qui soumet à Binet le problème des critères de ce dépistage.

Mobilisant alors tout son savoir-faire, il a l'idée de constituer une série d'épreuves variées dont chacune est caractéristique d'un âge et correspond en quelque sorte aux échelons d'une échelle. Par exemple, à cette époque, discerner les aliments est une activité que la moyenne des enfants de 1 an est capable de faire. À 5 ans, deux épreuves faisables par la moyenne des enfants de cet âge sont de comparer 2 boîtes et d'indiquer la plus lourde, de copier un carré… Des épreuves caractéristiques de l'âge de 8 ans sont de faire une lecture et en conserver 2 souvenirs, de nommer 4 couleurs et d'écrire sous la dictée, etc. Il y a ainsi des épreuves caractéristiques de l'âge de 1 an, de l'âge de 2 ans, et ainsi de suite jusqu'à 15 ans. Chaque groupe d'épreuves caractérisant un âge représente un échelon, et c'est ainsi que Binet appelle son épreuve « l'échelle métrique de l'intelligence ». La première version de l'échelle psychométrique paraît en 1905, suivie d'une seconde version en 1908.

Comment repérer en pratique le retard d'un enfant ? Imaginons un enfant de 12 ans qui ne réussit que les épreuves de 10 ans, on dira que cet enfant a un âge mental de 10 ans pour un âge chronologique de 12 ans. C'est la notion d'âge mental. Notons, ce qui sera le cas de tous les tests par la suite, que la notion d'intelligence est mesurée par rapport à la moyenne d'un échantillon d'enfants d'un âge donné. Ce n'est donc pas une mesure absolue mais relative ; on s'en apercevra notamment dans l'adaptation américaine où les enfants américains sont plus en avance sur certaines activités. Bref, pour Binet, avoir une intelligence moyenne chez un enfant, c'est réussir les épreuves réussies par la moyenne des enfants de cet âge.

L'échelle psychométrique, bientôt appelée le Binet-Simon, connaît très vite un succès retentissant aux États-Unis sous le nom de *test*. Ses applications apparaissent dans différents domaines, scolaire, psychiatrique, judiciaire, etc. Cet usage intensif a cependant fait apparaître la nécessité d'améliorations qui ont été essentiellement entreprises par Lewis Terman de l'université de Stanford, sous le nom de test Stanford-Binet, suivies par d'autres versions ou d'autres tests.

2. Qu'est-ce que le QI ?

L'adaptation américaine de Terman n'est pas une simple traduction et comprend de nombreuses améliorations et corrections. Le nombre total d'items (questions ou exercices) est augmenté et passe de 60 à 90, ce qui améliore la fiabilité du test ; enfin, les items sont revérifiés sur des échantillons plus grands d'enfants. C'est ainsi que Terman a été amené à déplacer certains items. Par exemple, dans le test de Binet-Simon, nommer 4 couleurs était un item de l'âge mental de 8 ans, alors que cet item est réussi par la moyenne des enfants américains de 5 ans. Un bon test doit être souvent vérifié, comme un thermomètre, une montre ou une balance.

Enfin, la révision américaine intègre une notion nouvelle proposée par un autre psychologue et qui fera couler beaucoup d'encre, le quotient intellectuel, le célèbre QI. En effet, la notion d'âge mental est très pratique, notamment pour les petits enfants, mais un retard n'a évidemment pas la même signification selon l'âge réel (chronologique). Par exemple, un retard de deux ans n'a pas la même signification si l'enfant a 4 ans ou 14 ans. Dans le premier cas, l'intelligence est proportionnellement de moitié, tandis qu'un retard de deux ans à 14 ans équivaut à un retard mental bien moindre (un septième). Le QI établit cette proportion en calculant le rapport multiplié par 100 entre l'âge mental et l'âge réel :

$$QI = \frac{\text{Âge mental}}{\text{Âge chronologique}} \times 100$$

Ainsi, dans notre exemple, un retard de deux ans à l'âge de 4 ans correspond à un âge mental de 2 ans et à un QI de 50, alors qu'un même retard à 14 ans donne un âge mental de 12 ans, soit un QI de 85 (12 ans d'âge mental divisé par 14 et multiplié par 100).

Mais les tests, s'ils sont des instruments pratiques de mesure (bien employés), ne disent pas ce qu'est l'intelligence. Pour un autre courant de recherche, l'intelligence est la capacité de résoudre des problèmes, et l'analogie en serait un mécanisme essentiel.

II. ANALOGIE ET RÉSOLUTIONS DE PROBLÈMES

Eurêka, Eurêka..., ce qui signifie « j'ai trouvé », c'est le mot que criait Archimède en courant nu, sorti de sa baignoire, dans Syracuse (capitale de la Sicile). Il venait de trouver la solution à un problème posé par Hiéron, roi de Syracuse au IIIe siècle avant notre ère. Celui-ci s'était fait faire une couronne en or, mais doutant de l'honnêteté de son joaillier, il pria Archimède de le vérifier. Le poids de l'or était connu, mais la couronne était si ouvragée que son volume paraissait impossible à calculer. C'est en voyant le niveau d'eau monter dans sa baignoire lors de son bain, qu'il eut ce trait de génie d'immerger la couronne pour déterminer, par le volume d'eau déplacé, le volume de la couronne. En rapportant le poids au volume, il trouva ainsi que la couronne n'était pas en or pur... Mais cette belle histoire n'a qu'un rapport légendaire avec la découverte du fameux principe d'Archimède : « tout corps, plongé dans un liquide, reçoit de la part de celui-ci une force égale au poids du liquide déplacé », car une couronne de ce poids serait tombée à pic au fond de la baignoire au lieu de flotter. En réalité, son principe est issu de son livre *Traité des corps flottants* (*Encyclopédia Universalis*, « Archimède ») qui témoigne d'une longue expérience au contact des gens de la mer, des corps flottants, flotteurs et bateaux ; on retrouve là des résultats de la recherche montrant le rôle des apprentissages dans le raisonnement et c'est la réflexion autour des flotteurs, des bouées et des bateaux de pêche qui amena Archimède à son fameux principe.

L'histoire des découvertes ainsi que les recherches sur l'intelligence indiquent, en effet, qu'un des modes de raisonnement les plus communs est un mécanisme appelé « analogie ». L'analogie consiste à appliquer des relations d'un domaine de connaissance à une nouvelle situation : on imagine l'atome comme un système planétaire avec les électrons qui tournent autour d'un noyau, l'électricité comme des gens qui courent dans un couloir, etc. De nombreux tests dits de raisonnement sont construits à partir d'analogies. D'une façon générale, une analogie peut se présenter de la façon suivante : A est à B ce que C est à D. Par exemple, la niche est au chien ce que le nid est à « ? », la bonne réponse étant l'oiseau, si l'on applique la relation « habitat-animal » que l'on a découverte à partir de la première proposition « niche-chien ».

Robert Sternberg, l'un des grands chercheurs actuels dans le domaine de l'intelligence, a montré que la résolution d'analogies n'est pas simple et spontanée, comme le serait une intuition, mais repose sur plusieurs mécanismes qui prennent du temps et nécessitent l'utilisation d'une mémoire spéciale, la mémoire de travail (ou mémoire à court terme, *cf.* chapitre 2). Prenons l'exemple de l'analogie suivante :

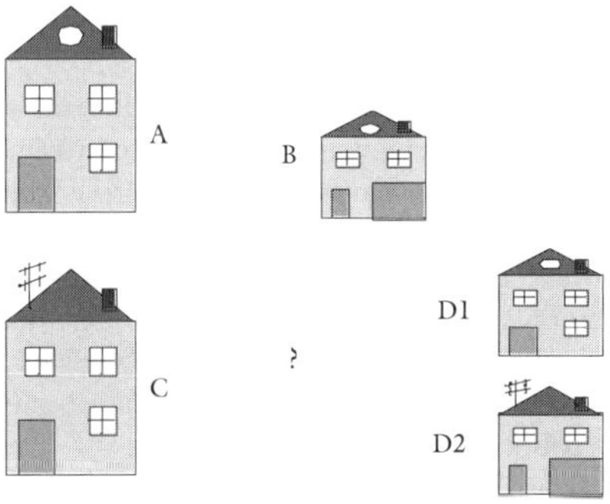

Dans une analogie, il faut analyser la relation unissant A à B, et l'appliquer à partir de C sur D en choisissant la bonne réponse entre D1 et D2. Dans l'exemple des maisons, un grand nombre d'attributs peut varier (ce qui constitue une charge en mémoire), la taille, la présence d'un garage, d'une lucarne, d'une cheminée, d'une antenne de télévision, etc. Dans l'exemple ci-dessus, deux attributs varient entre A et B, le garage et la grandeur de la maison. Mais C a une antenne de télévision (et pas de lucarne). Par conséquent, en appliquant la même variation entre A et B mais en la transposant à partir de C, la bonne réponse D doit être une petite maison avec un garage (comme B) et une antenne de télévision à la place de la lucarne (comme C) : la bonne réponse est donc D2.

Avec des dessins du même type, les expériences de Sternberg montrent que la résolution d'une analogie comprend plusieurs mécanismes sous-jacents mais celui qui prend le plus de temps est la découverte des attributs sur lesquels porte l'analogie. Et plus le nombre d'attributs est grand (*cf.* l'exemple des maisons), plus l'analogie est difficile à résoudre, notamment chez les enfants en dessous de 12 ans, parce que la mémoire de travail a une capacité limitée, d'une part, et que la découverte des attributs dépend des connaissances de la mémoire à long terme, d'autre part. Par exemple, la découverte de l'analogie « pomme » est à « pommier » ce que « cerise » est à « ? » est facile (cerisier), parce que ces arbres et fruits font partie de nos connaissances d'enfant, mais une analogie comme « Rome » est à « Italie » ce que « Syracuse » est à « ? » nécessite des connaissances plus étendues…

Ce rôle des connaissances antérieures apparaît très nettement dans l'une des expériences d'une spécialiste française des analogies, Marie-Dominique Gineste (1994, *in* Gineste, 1997) de l'université de Paris-Nord Villetaneuse. L'expérience consistait à demander à des experts (docteurs en biologie ou médecine) ou novices en biologie (étudiants en sciences autres que la biologie) de juger la relation d'analogie entre des concepts de domaines différents. Deux textes sont lus par les sujets pendant un temps égal. Un texte supposé être la source de l'analogie porte sur la fabrication des robots dans une usine ; l'autre « texte cible » correspond à la biologie et donc est nouveau pour les novices, il décrit la synthèse des protéines. Ensuite, des couples de mots sont donnés et les sujets doivent juger le plus rapidement possible si les deux mots présentent ou non une analogie, comme par exemple « usine-cellule », « robot-protéine », « plan-gène », contremaître-ribosome ». Trois épreuves sont ensuite données, un rappel des concepts, une reconstitution des couples (les concepts étant donné) et, enfin, une explicitation des raisons de l'analogie.

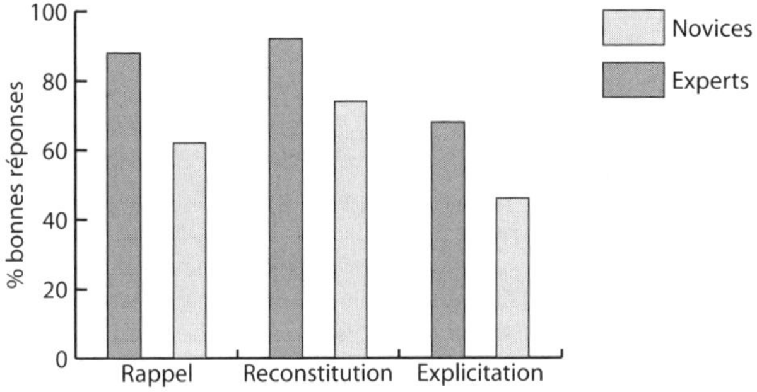

Figure 1
Pourcentages de bonnes réponses selon le type d'épreuves pour les experts et les novices (d'après Gineste, 1994, in *Gineste, 1997)*

Le pourcentage de bonnes réponses est nettement plus élevé pour les experts, notamment pour l'explicitation de l'analogie (figure 1). Marie-Dominique Gineste interprète la supériorité des experts par une plus grande facilité à constituer en mémoire à court terme une représentation des propriétés des concepts, déjà existant en mémoire à long terme, alors que les novices sont obligés de chercher des liens entre concepts, ce qui constitue une charge mentale (à court terme) supérieure. Cette différence d'accessibilité en mémoire s'observe d'ailleurs nettement dans le taux de rappel, 60 % pour les novices contre presque 90 % pour les experts.

III. NOMBRES, CALCUL ET MATHÉMATIQUES

Un deux trois,
nous allons au bois
Quatre, cinq, six,
cueillir des cerises
Sept, huit, neuf,
dans mon panier neuf
Dix, onze, douze,
elles seront toutes rouges…

1. Les nombres et le calcul élémentaire

L'enfant commence très tôt (dès 2 ans) à apprendre verbalement des nombres et des chaînes numériques, grâce à son entourage et parfois avec l'aide de comptines (la comptine est un procédé mnémotechnique basé sur les rimes). Mais dès le début de la scolarisation, tout ce complique avec l'introduction d'un nouveau système, le système des chiffres arabes, dont l'écriture et les règles sont différentes (Bernoussi, 1996). La transformation entre le système verbal et ce système numérique est appelée « transcodage ».

Jusqu'aux années 1980, la conception du nombre chez l'enfant était fortement marquée par l'influence de Jean Piaget. Dans ses travaux avec Szeminska (1940), il développe la théorie d'une construction logique du nombre : « le nombre entier est formé de composantes exclusivement logiques [...] les composantes du nombre entier seraient deux structures élémentaires, accessibles à l'enfant dès l'âge de 7 ans environ et remarquables surtout par leurs caractères limitatifs (composition de proche en proche, etc.) : le "groupement" additif des classes [...] et le "groupement" additif des relations asymétriques transitives (sériations) » (Piaget, 1960, p. 4). Or, les travaux de Piaget et de ses collègues montrent que l'enfant est capable de réaliser la sériation, par exemple de dix baguettes de tailles différentes, seulement à partir de 7 ans.

Et pourtant, l'enfant est capable d'apprentissage de suites numériques et de comptages élémentaires bien avant cet âge de 7 ans, comme l'a montré Rachel Gelman et son équipe dans les années 1975-1985 (*cf.* Bernoussi, 1996 ; Fayol, 1990).

Les résultats (figure 2) montrent que les enfants sont capables d'un comptage élémentaire, puisque, dès l'âge de 3 ans, au moins la moitié des enfants (critère souvent pris dans les épreuves de Piaget) est capable de dénombrer 5 éléments, et 7 à l'âge de 5 ans.

Ce sont de tels faits qui progressivement conduisirent à s'écarter de la conception entièrement logique de Piaget pour se réintéresser à la diversité des processus cognitifs, notamment le langage et la mémoire. Un spécialiste français, Mohammed Bernoussi, de l'université de Nantes, fait par exemple remarquer que le système linguistique des nombres est assez restreint. Il repose sur un « lexique simple », 9 mots pour désigner les unités (de 1 à 9) et 9 pour les dizaines (de 10 à 90). De même, les règles « syntaxiques » comprennent deux grands types de relations ; des relations de type « addition » (vingt et un, c'est vingt plus un) et des relations de type multiplication (quatre-vingts, c'est quatre fois vingt) (Bernoussi, 1996*a*).

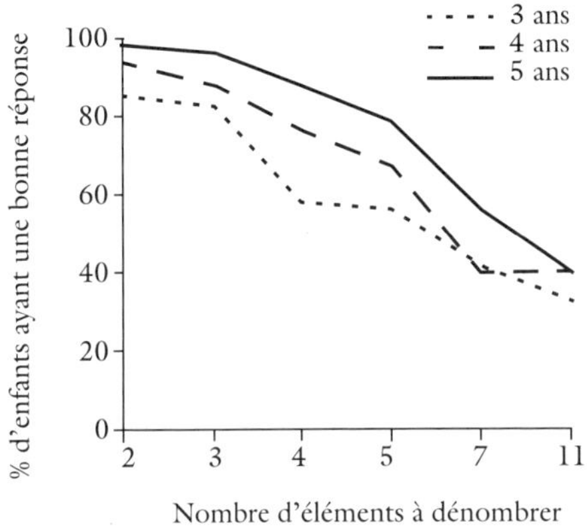

Figure 2
Pourcentages d'enfants donnant une bonne réponse dans le dénombrement de suite d'éléments (de 2 à 11) (d'après Gelman et Tucker, 1975, in *Fayol, 1990)*

D'autres mécanismes font appel à la mémoire, notamment une récupération en mémoire à long terme de résultats simples, ainsi que l'a montré le chercheur américain Mark Ashcraft, comme si la mémoire (lexicale) enregistrait de véritables tables de calcul.

Mais avant d'arriver à ce niveau de récupération de toutes les sommes en mémoire (9-10 ans environ, Bernoussi, 1996*b*), l'enfant mobilise d'autres stratégies, le célèbre comptage sur les doigts (figure 3), puis le comptage mental en utilisant la mémoire de travail (à court terme) comme compteur mental, alors que, comme le fait remarquer Bernoussi, cette procédure n'est pas apprise à l'école. C'est ce qu'ont mis en évidence Groen et Parkman (1972) en comparant des temps de résolution d'additions simples : la stratégie qui correspond le mieux aux temps de résolution est celle qui consiste à prendre le plus grand chiffre et à ajouter (comme dans un compteur) le plus petit : par exemple pour 3 + 7, la stratégie consiste à sélectionner 7 (valeur la plus grande) et à ajouter 3. Avec les apprentissages scolaires, ce sont de véritables tables qui sont mémorisées et certains auteurs pensent que les résultats sont récupérés comme de véritables associations, qui dépendent alors de la fréquence avec lesquelles elles sont révisées. Cette conception explique d'ailleurs bien le déficit en calcul mental des jeunes générations d'adultes, habituées aux calculettes et ordinateurs. La conception de récupération de résultats sous la forme d'associations est également appliquée à la multiplication et explique bien certaines erreurs. Par exemple, 8 x 4 est associé à 32, mais la présence du 8 peut induire des associations concurrentes comme 8 x 3 (24), et la présence du 4 peut associer des produits comme 4 x 6 (24), d'où la présence d'erreurs comme « 24 », car c'est un produit plus fréquent que « 32 ».

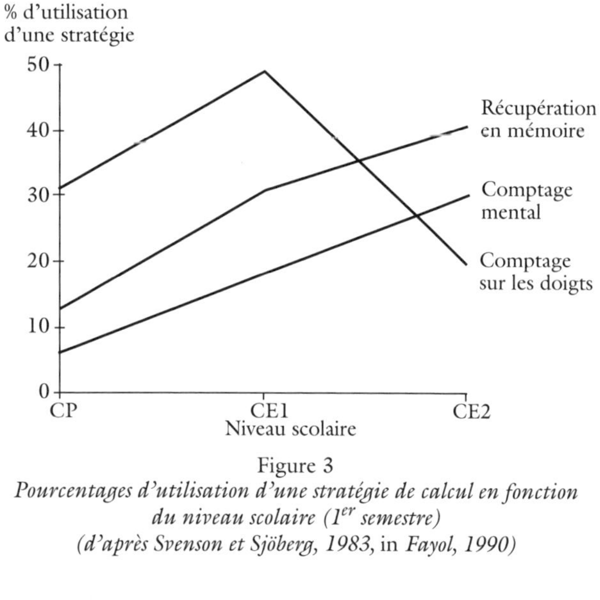

Figure 3
Pourcentages d'utilisation d'une stratégie de calcul en fonction du niveau scolaire (1er semestre)
(d'après Svenson et Sjöberg, 1983, in *Fayol, 1990)*

2. Les mathématiques

« Le livre que vous avez entre les mains pèse 250 grammes de plus que la moitié de son poids. »

C'est ainsi que Jean Julo, chercheur en psychologie dans le cadre des IREM (Institut de recherche sur l'enseignement des mathématiques) présente son ouvrage sur les mécanismes de résolution de problèmes en mathématiques. Les mathématiques posent un « problème » de taille au chercheur par leur variété – arithmétique, algèbre, géométrie, vecteurs, etc. Le point de vue de Julo est précisément de ne pas s'enfermer dans un cadre théorique unique qui ne peut rendre compte d'une telle richesse. En travaillant avec des enseignants de la discipline, il s'attache à montrer la diversité de mode de résolution d'un même problème. Dans l'exemple précédent du poids du livre par exemple, deux modes différents aboutissent à la solution, le mode arithmétique et le mode algébrique :

Résolution arithmétique

Livre = moitié + 250 g

↕

Livre = moitié + moitié

Si la moitié pèse 250 g,
alors le livre pèse 500 g

Résolution algébrique

X = poids du livre

$$\frac{x}{2} + 250 = x$$

$$250 = x - \frac{x}{2}$$

$$250 = \frac{x}{2}$$

Donc x = 500

Pour certains, le mode arithmétique vient plus facilement à l'esprit, tandis que, pour d'autres, c'est le mode algébrique qui semble plus facile. En analysant une grande quantité de problèmes utilisés par les chercheurs de la résolution de problèmes ou des problèmes classiques de maths, Julo observe que la résolution requiert des méthodes de résolution variées. Il en vient à formuler une hypothèse selon laquelle la présentation de plusieurs problèmes de même structure pourrait faciliter l'émergence de la méthode de résolution. Dans une expérience sur des élèves de 6e, trois problèmes de structure équivalente sur la proportionnalité sont utilisés : un problème de recette de crêpes, un problème d'eau sucrée (problèmes de proportion entre sucre et récipient d'eau) et un problème de fusée avec un dessin de fusée et des mesures (dont une est fausse) pour réaliser un dessin de fusée plus grand.

Problème des crêpes

Pour la Chandeleur, quelques élèves d'une classe décident de préparer des crêpes. Ils trouvent la recette suivante dans un livre de cuisine :
« Pour quatre personnes, préparez une pâte avec :
- 6 œufs
- 10 cuillerées à soupe de farine
- 8 verres de lait
- 20 g de beurre
- 16 g de sucre
- 6 cuillerées à café de sucre vanillé. »
Mais comme ils sont nombreux, ils décident d'augmenter les quantités qui sont indiquées dans la recette. Ils préparent la pâte avec :
- 15 œufs
- 25 cuillerées à soupe de farine
- 20 verres de lait
- 50 g de beurre
- 35 g de sucre
- 15 cuillerées à café de sucre vanillé.
Les crêpes risquent donc de ne pas être très bonnes, car les élèves ont fait une petite erreur ; ils n'ont pas respecté exactement la recette.
Pour quel produit les élèves se sont-ils trompés et quelle quantité de ce produit auraient-ils dû mettre pour respecter la recette ?

D'après Julo, 1995.

Tableau 1
Pourcentages de réussites aux problèmes pour des élèves de 6e sans ou en difficulté en mathématiques (d'après Julo, 1995)

	6e sans difficulté	**6e en difficulté**
Présentation simple	54	21
Multiprésentation	82	40

Dans une condition de « présentation simple », un groupe d'élèves a un seul problème à résoudre tandis que dans une condition « multiprésentation », les élèves ont le choix entre les trois problèmes (et donc doivent examiner les trois). Les résultats (tableau 1) indiquent une nette supériorité du taux de réussite lorsqu'il y a multiprésentation. En séparant, d'après les résultats en classe, des élèves ayant des difficultés en mathématiques des autres, les résultats indiquent également une grande efficacité du mode multiprésentation, puisque le taux de réussite est le double. Pour l'auteur, l'efficacité de la multiprésentation peut être due à plusieurs mécanismes, réduction des dysfonctionnements liés à un contexte (qui peut faussement induire dans une mauvaise direction de résolution), mobilisation d'un plus grand nombre de schémas de résolution, facilitation de sélection des informations pertinentes (Julo, 1995, p. 136).

Il semble intéressant, à la suite de Julo, d'insister sur la multiplicité des types et modes de résolution de problèmes. Il apparaît, en effet, impossible d'expliquer la variété des mathématiques par les seules structures opératoires de Piaget, ou seulement par le processus de l'analogie (*cf.* II. Analogies et résolutions de problèmes, p. 86). Comme dans le renouveau sur les nombres et le calcul, il est sans doute nécessaire de revaloriser (sur le plan théorique) l'apprentissage. En effet, les mathématiques sont tellement variées qu'il est vraisemblable que chaque catégorie mathématique correspond à un apprentissage de règles spécifiques. Par exemple, le théorème de Thalès est proche des règles de l'analogie, mais ces règles sont complètement différentes du théorème de Pythagore, eux-mêmes n'ayant rien à voir avec les règles de résolution d'une équation algébrique à une ou deux inconnues, etc. Comme la structure de base de la mémoire est une structure en réseau de neurones, ces réseaux sont très souples et peuvent avoir toutes les formes imaginables. L'apprentissage de problèmes variés du même type (multiprésentation, *cf.* aussi chapitre 2, III., 3. Acquisitions des connaissances et apprentissage multi-épisodique, p. 38) facilite peut-être la construction en mémoire d'une structure abstraite correspondant à une classe de problèmes (exemple : tous les problèmes pouvant être résolus par le théorème de Thalès).

IV. LES ENFANTS D'AUJOURD'HUI SONT-ILS PLUS INTELLIGENTS ?

1. Qu'est-ce qu'un enfant surdoué ?

Pour les mamans, leur bébé est le plus beau, et naturellement beaucoup de parents ont tendance à penser que leur enfant est surdoué s'il a des facilités à l'école. Parfois, certains ont des désillusions lorsque l'enfant, toujours premier dans une petite école de campagne, se retrouve dans la bonne moyenne dans un lycée de grande agglomération. C'est dans ce type de situation que le test d'intelligence s'avère utile en tant qu'instrument de référence : il permet de situer un enfant par rapport à la moyenne. Lewis Terman (qui a adapté le premier test d'intelligence aux États-Unis) s'était intéressé aux enfants brillants, et il avait défini l'intelligence brillante d'une façon statistique. En effet, nous avons vu que les tests psychologiques sont des tests statistiques : on est intelligent lorsqu'on est capable de réaliser les activités intellectuelles réussies par la moyenne des individus. Cela définit une courbe en forme de cloche comme par exemple pour la répartition de la taille dans la population. Dans cette courbe, 15 % des enfants ont un QI supérieur à 115 et seulement 2 % ont un QI très élevé de 130 ou plus. Ce sont ces enfants que Terman avait qualifiés de « brillants ». Et c'est ce critère d'un QI de 130 qui est resté dans l'esprit de ceux qui voudraient une éducation différenciée pour les « surdoués ». Deux pour cent, c'est très peu, mais cela représente tout de même 2 millions de personnes sur une population de 100 millions, soit à peu près 1 million sur la population française, ou 2 000 pour chaque grande ville de 100 000 habitants. Le phénomène n'est pas donc pas rare.

Voilà pour les définitions, mais il est bien hasardeux de se fier seulement à un test pour décider si un enfant est brillant, doué ou surdoué, pourquoi ? Et bien parce que les tests, nous l'avons vu, sont des instruments construits pour avoir un bon reflet de l'intelligence moyenne. Prenons l'exemple d'un test d'intelligence basé sur la connaissance d'un vocabulaire de vingt mots dont la moitié est connue en moyenne par une classe d'âge, mettons les enfants de 12 ans. Dans un tel test, si dix mots connus équivalent à un QI de 100, chaque mot représente dix points de QI. Il suffit donc qu'un enfant, par une lecture récente ou parce que ses parents en ont parlé, connaissent un mot supplémentaire et il serait crédité de dix points de QI ; trois mots de plus, et il aurait un QI de 130. Voilà qui serait bien fragile et qui ne reflète pas forcément le caractère brillant de son intelligence dans divers domaines.

Les médias en France utilisent volontiers le qualificatif de « surdoué », cependant cette surenchère, qui signifie au sens strict « plus doué que doué », fait sourire en évoquant le célèbre pastiche de Coluche « plus blanc que blanc » d'une publicité de lessive. Les Américains gardent le qualificatif de doué (*gift*), et nous allons voir dans le paragraphe suivant que, dans certaines études, les chercheurs ne retiennent comme « doués » que 1 % des enfants d'une classe d'âge. Restons modestes, c'est déjà une chance considérable d'être doué, pas la peine d'en rajouter (autre pub)...

2. Faut-il faire sauter une classe aux enfants doués ?

On peut légitimement se demander si les enfants brillants ou doués ont besoin d'une éducation spéciale. Il existe des tenants dans les deux camps. Certains auteurs défendent cette idée avec l'argument qu'ils s'ennuient dans un système classique et pensent qu'il faut mettre les enfants doués dans des écoles spécialisées ou, plus simplement (car ils ne sont pas nombreux, 2 % d'une classe d'âge), les monter d'une classe. D'autres, à l'inverse, pensent que de mettre les enfants brillants avec des enfants plus âgés peut les perturber sur le plan affectif et les isoler. Une grande recherche vient d'être conduite aux États-Unis sur une centaine d'enfants brillants en mathématiques (définis comme les 1 % les meilleurs de leur classe d'âge dans des tests en mathématiques, *cf.* M.A. Swiatek et C. Persson Benbow, 1991). Une centaine d'élèves de 12 à 13 ans ont sauté (par le choix des parents) une classe et ont donc eu une éducation « accélérée » et sont comparés à une centaine d'élèves également doués mais qui n'ont pas sauté de classe (et donc qui servent de groupe contrôle).

Ces deux cents élèves ont été ainsi suivis par deux chercheuses, pendant dix ans, en étudiant de nombreuses caractéristiques, intellectuelles et psychosociales. Les résultats sont impressionnants dans deux directions différentes. D'une part, les élèves « accélérés » ont conservé leur avance d'un an, si bien que leur niveau d'étude moyen est légèrement supérieur. Mais, par ailleurs, l'ensemble des caractéristiques intellectuelles et psychosociales ne présente pas de différences. Ils restent tous doués, élèves « accélérés » et « non accélérés », puisque 98 % d'entre eux entrent à l'université, 28 % ont remporté des prix dans les deux groupes, 60 % ont été premiers de promotion. De même, et ceci est plutôt pour les tenants de l'accélération, les élèves « accélérés » ne pâtissent pas sur le plan affectif et social de leur accélération. Ils se montrent aussi bien intégrés et bien dans leur peau que les élèves doués restés à leur niveau scolaire normal : ils aiment autant le collège, participent autant à des activités extrascolaires et ont, les uns et les autres, une bonne estime d'eux-mêmes.

Comme concluent les auteurs de cette étude, les deux choix éducatifs, sauter ou ne pas sauter de classe, se valent, l'essentiel étant de respecter le choix de l'enfant…

3. L'effet Flynn

Le rôle des changements culturels dans les sociétés est très visible dans ce qu'on appelle l'effet Flynn. James Flynn, de l'université d'Otago en Nouvelle-Zélande, a réalisé une remarquable synthèse des scores obtenus, dans les tests d'intelligence, par différentes générations sur 35 pays. Les tests sont les grands tests classiques pour lesquels des données sont disponibles depuis leur création (ou adaptation), soit parfois sur trente ans. Les résultats sont spectaculaires puisque, d'une manière générale, les enfants et adolescents se montrent plus intelligents qu'autrefois. En Hollande, les jeunes de 18 ans en 1952 ont obtenu en moyenne un QI de 100 au test des matrices de Raven (QI = 100 en moyenne par construction), alors que la génération des 18 ans, trente ans plus tard, a obtenu un QI de 121, soit un gain de 21 points de QI. Les gains sont variables d'un pays à l'autre mais relativement importants. Cependant, grâce à ces comparaisons systématiques, Flynn remarque que les gains sont plus élevés pour les tests de raisonnement que pour les tests de connaissances (souvent verbal et maths). Par exemple en France, de 1949 à 1974 chez les recrues de l'armée (18 à 22 ans), le gain au test de Raven (un test de raisonnement) est de 25 (Girod et Allaume, 1976, *in* Flynn, 1987), de 9 points à un test verbal et 9,6 à un test de maths. Il en va de même dans d'autres pays.

Globalement, on ne peut que se satisfaire de tels résultats, les enfants et adolescents sont de plus en plus intelligents. Sur le plan pratique, ces résultats doivent inciter à la plus grande prudence. En effet, du fait de cette augmentation générationnelle, l'emploi d'une version ancienne d'un test peut pousser beaucoup de parents à croire que leur enfant est un génie ; rappelez-vous que, depuis Terman, on considère souvent un enfant comme surdoué à partir d'un QI de 130. Or au Japon ou en Autriche, où les gains sont de 25 points de QI, un enfant pourrait être considéré comme un génie ou presque (QI de 125), alors qu'il est en réalité dans la moyenne pour sa génération !

À quoi est due cette amélioration de l'intelligence générale ? Le gain est dû à des causes variées, notamment à une meilleure santé et alimentation (protéines, vitamines), comme le montre l'augmentation de la taille (le cerveau en profite aussi). Mais sans doute doit-on ce phénomène plus encore à une culture plus complète, grâce à une scolarisation précoce et généralisée. André Flieller de l'université de Nancy a observé l'effet Flynn sur des tests inspirés de la théorie de Piaget (1987). Il note que la scolarisation au collège est passée de 60 % en 1967 à 90 % en 1993. Cependant, l'amélioration est plus importante dans les tests de résolution de problèmes, comme préfère les appeler Flynn (test de raisonnement), que dans les tests d'apprentissage de connaissance (vocabulaire...), de sorte que l'éducation précoce aux jeux d'éveil à la maison ou à la crèche joue certainement un rôle décisif.

Un autre facteur améliorant est l'environnement culturel produit par le développement extraordinaire des médias, télévision, livres etc., et des nouvelles technologies basées sur l'électronique, l'ordinateur et les jeux vidéo. Autrefois, les programmes scolaires correspondaient à la culture d'une société donnée, les départements français, Louis XIV et Napoléon, Molière et Albert Camus. Mais depuis les années 1960, on assiste à une mondialisation de la culture de sorte que des œuvres étrangères, comme *Harry Potter* ou *Le Seigneur des Anneaux* sont plus lus que *Les Précieuses ridicules* ou *Les Misérables* ; le phénomène est encore plus flagrant dans le domaine du cinéma et de la musique.

Mais ce qui influence peut-être le plus l'amélioration des tests de résolution de problèmes (tests de raisonnement ou de performance), ce sont les jeux vidéo. Par exemple, un jeu vidéo simple comme Tétris (faire tourner des blocs qui tombent sur l'écran vidéo pour les insérer dans des emplacements vides) nécessite une vitesse de détection, des rotations mentales et une vitesse de réaction, nécessaires dans différents tests. Ainsi Okagaki et Frensch (1996, *in* Greenfield, 1998) montrent une augmentation de performance sur ce genre de test après six heures d'entraînement sur Tétris. De même, Patricia Greenfied (1998) trouve des améliorations grâce à des jeux vidéo variés qui, selon elle, améliorent le traitement de l'information imagée et les rotations mentales. On pourrait ajouter les jeux éducatifs, les magazines pour enfants (*Mickey Jeux*, etc.) qui comportent des jeux directement inspirés des tests, comme les rébus, le jeu des différences, les labyrinthes, les énigmes, etc.

Chapitre 5

Contexte scolaire et fonctionnement psychologique

I. L'ATTENTION

La nécessité d'une bonne attention à l'école est connue depuis longtemps. L'attention revêt plusieurs formes pour les spécialistes (Boujon et Quaireau, 1997). L'attention soutenue (ou maintenue ou vigilance) est la capacité de maintenir son attention pendant la durée la plus longue. Cette attention est mesurée par des tâches répétitives comme une tâche de barrage (barrer un nombre ou une figure cible parmi une longue séquence). Les durées varient généralement d'une heure trente chez l'adulte à quelques dizaines de minutes chez l'enfant. L'attention sélective (ou focalisée) est la concentration dans le langage courant : c'est la capacité de se focaliser sur une cible ou une activité parmi d'autres. Enfin, l'attention partagée ou divisée est la capacité de faire plusieurs choses en même temps.

1. L'attention sélective

L'enregistrement d'une fête avec un caméscope est souvent surprenant, tout le monde parle et rien n'émerge de la cacophonie. Or, dans la réalité, on entend très bien la personne avec qui l'on parle. L'idée d'un chercheur, Colin Cherry (1953) est qu'il existe une sorte de filtre, l'attention sélective, ou filtre attentionnel, qui sélectionne un message et « rejette » les autres.

Christophe Boujon de l'université d'Angers a réalisé avec son équipe de nombreuses expériences chez des élèves. Dans l'une de ses études, la sélection de l'attention s'opère en fonction du type sensoriel. Dans l'épreuve visuelle, les enfants (grande section de maternelle ou CP) devaient cocher un « rigolo » (*smiley*) réparti 100 fois parmi 500 autres éléments. Dans l'épreuve auditive, une sonnerie de téléphone était à repérer dans une série de sonneries diverses (clochette, réveil, etc.) et enfin dans une épreuve audiovisuelle, des figurines d'animaux étaient à cocher sur une feuille en entendant leur cri.

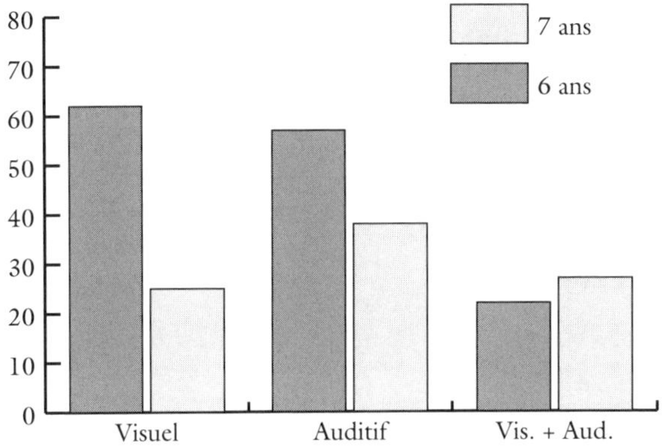

Figure 1
Pourcentages d'erreurs chez des élèves de grande section (6 ans) et CP (7 ans)
en fonction du type sensoriel de l'épreuve
(d'après Boujon, Clemot, Dupuits et Rousseau, in *Boujon et Quaireau, 1997)*

À un an de différence (figure 1), l'attention sélective est nettement plus performante et stable, puisque les élèves de CP ne font qu'environ 30 % d'erreurs par rapport aux enfants de maternelle qui en commettent de 25 à 60 % selon les cas. Chez les petits (maternelle), l'attention est moins performante lorsqu'il n'y a qu'une seule modalité perceptive (55 et 63 % d'erreurs contre 25 % en audiovisuel), peut-être parce que la discrimination est plus difficile (par rapport aux animaux familiers dans la situation audio-visuelle).

2. L'attention divisée

Les enfants ont déjà du mal à se concentrer sur une activité mais qu'en est-il lorsqu'en plus, il y a des distractions ? Cette situation où l'on doit faire au moins deux choses en même temps correspond à l'attention divisée ou partagée. Chez l'adulte, on montre la plupart du temps une diminution de 20 à 60 % d'une tâche principale selon la complexité d'une tâche secondaire à réaliser, par exemple conduire en écoutant la radio ou en téléphonant. Les effets sont également spectaculaires chez les enfants. Dans une recherche de Boujon et son équipe, des élèves de CM2 (10-11 ans) doivent lire une histoire (exemple : *Pascal et Poly embarquent pour Bréhat*) dans une condition de lecture silencieuse (attention sélective) et dans trois conditions d'attention partagée. Dans l'une, les élèves entendent de la musique classique pendant leur lecture, dans la deuxième, ils entendent (sans le voir) un vidéo-clip et dans la troisième condition, ils voient et entendent le vidéo-clip sur un téléviseur.

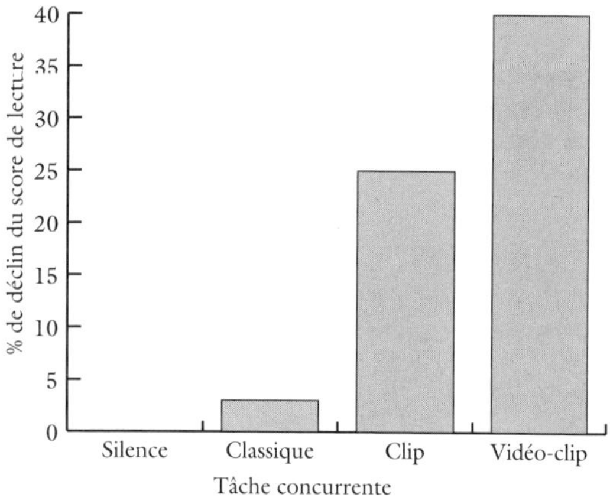

Figure 2
Pourcentages de déclin du score de lecture en situation partagée par rapport à la situation attentive (lecture silencieuse) (d'après Boujon, Gillard, Mareau et Pichon, in *Boujon et Quaireau, 1997)*

Si l'on calcule le pourcentage de déclin du score de lecture, en situation partagée, par rapport à la lecture silencieuse (figure 2), on constate que la musique classique ne gêne pas (elle n'interfère pas avec les processus phonologiques de la lecture, *cf.* chapitres 2 et 3). En revanche, l'audition de paroles provoque une baisse de 25 % tandis que de regarder en même temps le vidéo-clip entraîne une baisse de 40 %. Les résultats sont donc édifiants si l'on pense à la façon dont les révisions sont parfois faites à la maison, en regardant les vidéo-clips ou la dernière variante de *Loft Story* à la télé.

L'attention divisée semble particulièrement difficile chez les enfants hyperactifs. Par exemple, les enfants doivent mémoriser 15 images et les reconnaître parmi 30 (Boujon et Jan, *in* Boujon et Quaireau, 1997). Il y a peu de différence (-5 %) entre une classe témoin et une classe d'enfants hyperactifs. En revanche, si la détection d'images doit être faite tout en effectuant des calculs (additions simples présentées auditivement), les enfants hyperactifs montrent une baisse de 25 % par rapport à la classe témoin.

II. RYTHMES ET PERFORMANCES SCOLAIRES

Depuis des millénaires, l'homme est dépendant de divers rythmes temporels. Certains rythmes ont une cause astronomique, tels le rythme jour/nuit (ou rythme nycthéméral, du grec *nuktos*, nuit et *hemera*, jour) et les saisons, mais d'autres ont une origine biologique comme le cycle circadien (du latin *circa*, environ et *dies*, jour) c'est-à-dire l'alternance veille-sommeil (Testu, 1991 ; Lecomte et Lambert, 1991). D'autres rythmes sont sociaux et liés au travail, notamment à l'école pour l'élève. Comment l'enfant gère-t-il ces multiples contraintes ?

1. L'enfant et le temps

L'enfant se situe mal dans le temps. Le temps est, en effet, une construction mentale et sociale. Le repérage numérique inventé par l'homme, l'horloge et la montre, est difficile pour l'enfant. Ainsi Baptiste Janvier de l'équipe de chronopsychologie de Tours montre que, mis à part des chiffres entiers comme midi ou 8 heures, les enfants identifient mal les chiffres d'une montre (tableau 1) : 10 h 35 n'est correctement repéré sur le cadran que par 4 % des enfants du CP et 50 % en CE1.

Tableau 1

Connaissance de l'heure selon le niveau scolaire (en % d'enfants) (d'après Janvier, 2003)

	CP (6-7 ans)	CE1 (7-8 ans)	CE2 (8-9 ans)
Midi	73	100	100
8 h	50	100	100
9 h 15	18	95	100
10 h 35	4,5	52	100

En se basant sur des recherches antérieures, ce chercheur montre que des images dénotant des scénarios de la journée (toilette, récréation, etc.) permettent un meilleur repérage dans le temps au cours de la journée. L'enfant, surtout le jeune enfant, se repère donc essentiellement par rapport à des moments forts, déjeuner, travail du matin, récréation, etc., et tardivement par des repères numériques (CE2, *cf.* tableau 1).

2. Sommeil et apprentissage

Les mécanismes du sommeil sont si complexes qu'il a fallu l'apparition de nombreuses techniques, comme l'électrophysiologie, pour mettre en évidence les différentes phases du sommeil par des ondes cérébrales spécifiques. Le neurobiologiste français Michel Jouvet, de l'université de Lyon, a été l'un des grands chercheurs du sommeil, avec notamment la découverte du sommeil qu'il a appelé « paradoxal ». Trois phases peuvent être distinguées. Lors de l'éveil, l'activité électrique du cerveau (électroencéphalogramme) est rapide et de faible amplitude. Dans l'endormissement, l'activité électrique est plus lente avec des fuseaux (grande amplitude), alors que l'organisme est détendu avant de plonger dans un sommeil profond. Ce sommeil profond est « paradoxal », car si les muscles sont totalement relâchés et si l'organisme ne perçoit plus de sensations, à l'inverse l'activité du cerveau produit des ondes rapides et de faible amplitude comme dans l'éveil ; les globes oculaires font de rapides mouvements (REM : *Rapid Eye Movements*). L'homme réveillé à ce stade est en plein rêve.

Cette phase a suscité un « rêve » fou de certains charlatans qui prétendaient qu'il était très efficace d'apprendre en dormant. Cette méthode fantaisiste s'appelait l'hypnopédie (*hypnos*, sommeil en grec, et *pédagogue*, esclave qui menait l'enfant à l'école). Mais le rêve ne dura pas longtemps ; des expériences ont montré qu'une liste de chiffres diffusée à des dormeurs ne laisse aucun souvenir à leur réveil (Simon et Emmons, 1956, *in* Boujon et Quaireau, 1997). Tout au contraire, on apprend d'autant mieux qu'on est bien réveillé et attentif (*cf. supra*).

En revanche, le sommeil est bon pour consolider des apprentissages de la journée. Les expériences faites sur différents animaux révèlent que, pendant le sommeil paradoxal, il existe une forte activité du cerveau. Des mécanismes biochimiques et biologiques permettent la consolidation des souvenirs, et le rêve est sans doute le reflet de la réorganisation des souvenirs de la journée. Chez l'animal, le sommeil paradoxal est d'autant plus long que les nouveaux apprentissages sont nombreux. À l'inverse, la privation de sommeil paradoxal diminue la rétention de l'apprentissage précédent et même l'efficacité des apprentissages antérieurs (Hennevin et Lecomte, *in* Lecomte et Lambert, 1990). La phase de sommeil paradoxal est d'ailleurs très longue chez les bébés et dans l'enfance ; elle se réduit, en proportion, chez la personne âgée. S'il est impossible d'apprendre en dormant, il est donc primordial de privilégier le sommeil de l'élève notamment pendant les périodes d'apprentissage.

3. La performance au cours de la journée

La veille succède au sommeil, mais là encore, les études révèlent des variations au cours de la journée. Un spécialiste français, François Testu, a beaucoup étudié ces variations en situation scolaire (1989). Dans l'une de ses études, les élèves doivent faire des activités de courte durée à différents moments de la journée : trois moments dans la matinée : dès l'arrivée en classe (8 h 40), puis en milieu de matinée (9 h 50), en fin de matinée (11 h 20) ; et trois moments dans l'après-midi : après le repas (13 h 40), en milieu (14 h 30) et à la fin de l'après-midi (17 h 30). Testu retrouve une loi « générale » établie par d'autres auteurs (Montagner, 1983), en montagnes russes (figure 3).

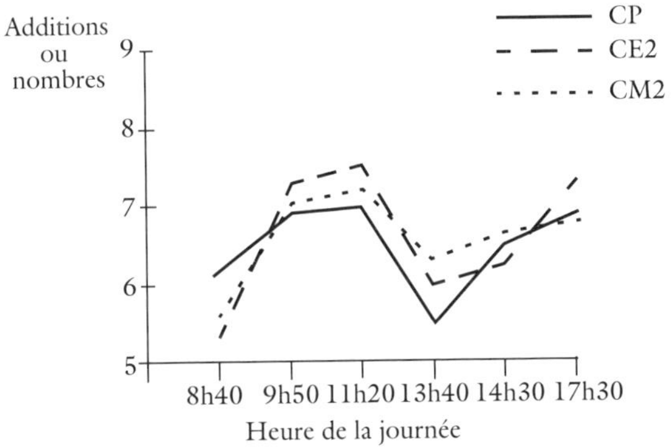

Figure 3

Performance de calcul au cours de la journée pour trois niveaux scolaires (remarque : l'épreuve est un barrage de nombres pour les CP) (simplifié d'après Testu, 1989)

Après un démarrage difficile, les performances augmentent pour atteindre un pic entre 11 heures et midi (figure 3) ; l'après-midi est également classique avec une baisse pendant la digestion et une montée jusqu'à la fin d'après-midi. Les deux « creux » observés sont déterminés par des causes biologiques, la remise en activité après le sommeil le matin et la digestion l'après-midi. Le remède pour l'après-midi est connu de longue date pour être même une institution dans certains pays méditerranéens et dans les écoles chez les petits : la sieste.

4. Processus automatiques et contrôlés

Testu et son équipe ont montré que les performances en montagnes russes ne s'observaient que pour des activités difficiles (par exemple, opérations, raisonnement, etc., figures 3 et 4). En revanche, aucun effet du moment de la journée était observé pour d'autres activités (ex. conjugaisons, barrage de nombres, etc.). De plus, la difficulté des épreuves est liée à l'âge, une épreuve de barrage de nombres (barrer un nombre dans une longue série) est difficile pour les CP et non pour les élèves de CM2.

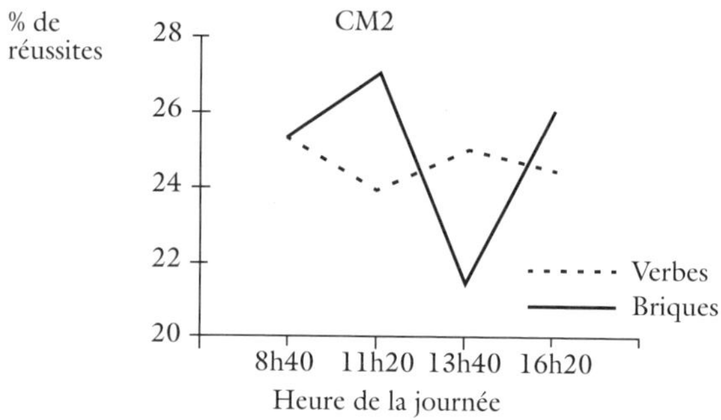

Figure 4
Effets de l'heure de journée en fonction de la difficulté de la tâche (simplifié d'après Testu, 1989)
(remarque : « briques » est un test de raisonnement spatial ; « verbes » est une épreuve de conjugaison)

Ces résultats sont bien interprétables dans la théorie des processus contrôlés et automatiques de deux chercheurs américains, Walter Schneider et Richard Shiffrin (1977). Lorsqu'une activité est difficile pour un âge donné, elle exige des processus « contrôlés » : une attention sélective et une charge élevée en mémoire ; dans ce cas, on trouve la courbe en montagnes russes (figure 4). À l'inverse, lorsque l'activité est facile, elle s'effectue automatiquement et ne subit pas les effets des moments de la journée.

Testu propose, en fonction de ces recherches, des applications pour les rythmes scolaires, réservant les activités nouvelles ou difficiles (processus contrôlés) aux heures de vigilance et préservant les moments de réveil (tôt le matin) ou de digestion en donnant des activités plus automatisées.

III. LA MOTIVATION

Pourquoi un enfant est-il très motivé au point de passer des journées à jouer à habiller ses poupées, tel autre à jouer tard le soir à ses jeux vidéo ou à des jeux de rôles avec ses copains, tandis que tel autre va à reculons à l'école, trouve que son professeur ne l'aime pas et pense qu'il n'arrivera à rien, qu'il est nul ! Ces situations, si familières aux parents et enseignants, ne commencent que récemment à être bien expliquées par des théories.

1. Récompense et punition

Les premières recherches quantitatives sur la motivation sont apparues dans le cadre des théories béhavioristes (*behavior*, comportement), notamment chez Clark Hull qui, à la suite de John Watson, assimile la psychologie à des comportements conditionnés. Le rat de laboratoire ne travaillant dans son labyrinthe que s'il est affamé et récompensé, Hull propose une célèbre formule qui revient à dire que la motivation est déterminée par le besoin multiplié par le renforcement. C'est la loi du renforcement : motivation = besoin x renforcement.

Chez l'animal, le renforcement positif, ou récompense, est par exemple la nourriture dans le but du labyrinthe. À l'inverse, pour empêcher un pigeon de faire une certaine réponse, on éteint la lumière, c'est le renforcement négatif (ou punition). La pédagogie familiale ou scolaire n'a pas attendu le chercheur pour trouver cela, c'est le principe de la carotte et du bâton. De fait, l'expérience suivante montre que les compliments et les réprimandes, classiquement utilisés à l'école, agissent aussi selon la loi du Renforcement.

Les élèves, des filles du CM1 à la 6e, devaient résoudre le plus de problèmes possibles (parmi 30) en quinze minutes lors d'une séance journalière cinq fois dans la semaine. Dans le groupe « réprimande », chaque élève était réprimandée sans tenir compte des vrais résultats en la faisant lever face à la classe. Dans le groupe « compliment », chaque élève recevait cette fois des compliments (quel que soit le résultat réel). Dans la même classe, les autres élèves constituaient le groupe « ignoré ». Enfin, le groupe « contrôle » travaillait dans une autre classe sans indication. On observe (figure 5) qu'avec un départ équivalent de douze problèmes résolus, le groupe contrôle ne s'améliore pas, ce qui va dans le sens de la loi de Hull. Le groupe complimenté se perfectionne avec rapidité atteignant une vingtaine de problèmes résolus au bout des cinq jours d'entraînement. À l'inverse, le groupe réprimandé, qui pourtant s'améliore le deuxième jour, voit sa performance chuter pour rejoindre le groupe ignoré, ces deux groupes n'ayant pas une performance très éloignée du groupe contrôle, ou si l'on préfère du niveau de départ. Au total, les renforcements positifs sont essentiels dans la pédagogie, mais on constate que d'ignorer les élèves équivaut à un renforcement négatif, sans doute du fait des motivations sociales qui nous font rechercher un assentiment. Enfin, contrairement à l'idée reçue qu'il faut parfois « secouer » les élèves, les punitions sont à manier avec précaution, car elles génèrent la peur et le stress.

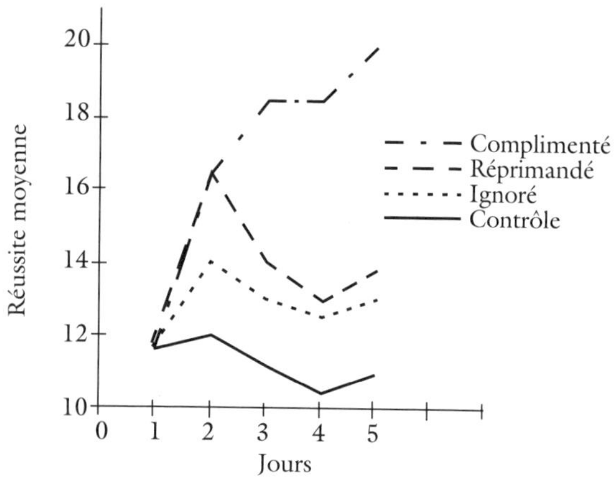

Figure 5
Effet du compliment et de la réprimande chez des élèves dans des problèmes arithmétiques (Hurlock, 1925, d'après Munn, 1956)

2. Motivation intrinsèque et motivation extrinsèque

Cependant, comme l'a découvert l'Américain Harry Harlow, des singes pouvaient travailler sur des jeux (puzzle) pendant une longue période sans aucune récompense, simplement pour l'activité elle-même. Harlow a donc supposé que certains besoins comme la curiosité et le besoin de manipulation correspondent à d'autres motivations sans renforcement : les motivations « intrinsèques ». En somme, les motivations extrinsèques sont régies par les renforcements (loi de Hull), tandis que les motivations intrinsèques (curiosité, manipulation…) n'auraient de but que l'intérêt pour l'activité en elle-même. Edward Deci de l'université de Rochester (1971) a souligné l'existence de la motivation intrinsèque chez l'homme. Par la suite, Deci et d'autres chercheurs ont démontré que toutes sortes de renforcements ou de contraintes avaient pour effet de diminuer la motivation intrinsèque.

Par exemple, 80 enfants de 4 à 5 ans d'une crèche participent à une activité de puzzles. Dans un groupe, on promet comme récompense du « bon travail » sur les puzzles de pouvoir jouer à des jeux très attractifs (robot, station lunaire…) que l'on montre aux enfants (ils y joueront effectivement comme promis). Dans l'autre groupe, l'activité des puzzles est réalisée pour elle-même (motivation intrinsèque). De plus, chaque groupe est séparé en deux selon les conditions de surveillance. Dans chacun des sous-groupes surveillés, une caméra TV est placée à côté de l'enfant, et l'expérimentateur dit à l'enfant que la caméra l'enregistre pendant son absence pour voir s'il a bien travaillé.

Une à trois semaines plus tard, on teste la motivation intrinsèque en laissant pendant une heure d'activités libres, une table avec des puzzles. Les résultats indiquent (figure 6) que la récompense diminue la motivation intrinsèque mesurée par le libre choix de l'activité. De plus, l'avertissement d'une surveillance a pour effet aussi de diminuer l'attrait pour l'activité libre. Le renforcement et la surveillance diminuent donc la motivation intrinsèque. On constate également que les effets se cumulent, puisque 90 % des enfants non récompensés et non surveillés rechoisissent librement les puzzles, tandis qu'à l'inverse, seulement 50 % des enfants récompensés et surveillés le font.

Au total, la motivation intrinsèque est diminuée par tout ce qui est perçu par l'individu comme un contrôle, une contrainte, du sentiment d'autonomie : les récompenses monétaires, prix, mais aussi l'évaluation sociale, la surveillance, imposer un temps limite, etc.

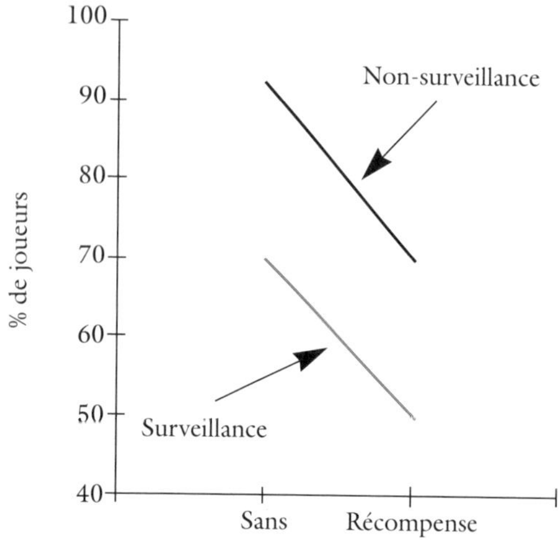

Figure 6
Baisse du nombre de sujets choisissant librement une tâche en fonction de la récompense et de la surveillance (d'après Lepper et Greene, 1975)

3. Résignation apprise et découragement

« Mon enfant n'apprend plus, il est découragé… » De tels propos sont fréquemment entendus, et un courant de recherche, initialement chez l'animal, a permis de faire une avancée importante dans ce domaine aux conséquences dramatiques. Dans une expérience de Martin Seligman, des chiens qui peuvent éviter un (faible) choc électrique (en appuyant sur un bouton) dans une première expérience, s'échappent très rapidement par la suite dans un second dispositif où ils doivent sauter une barrière pour éviter un choc électrique fort. Mais à l'inverse, des chiens qui ne peuvent éviter les chocs dans la première phase, ne réagissent pas, même dans la seconde phase, où ils pourraient sauter la barrière comme les chiens du premier groupe. Les chiens sont passifs mais cette passivité a été apprise dans la première phase où ils ne pouvaient rien faire ; pour cette raison, Seligman a appelé cet état la « résignation apprise ». Ce phénomène est fondamental, car il suggère que, dans beaucoup de situations, le découragement ou la dépression ne sont pas forcément dus à des facteurs de personnalité (anxiété, passivité, manque de dynamisme…) mais à des situations antérieures où l'individu aurait appris qu'il ne pouvait rien faire.

Certains chercheurs comme Stéphane Ehrlich et Agnès Florin en France ont démontré l'importance du phénomène dans l'échec scolaire. Une observation avait mis en évidence que des élèves de CE2 (8-9 ans) faisaient de plus en plus de fautes au cours du premier trimestre de la rentrée. Après analyse du type de dictées données par les instituteurs, les auteurs ont trouvé, qu'à la rentrée, les dictées étaient très simples mais augmentaient très vite en difficulté. Pour voir si cette brutale augmentation causait une résignation, les auteurs ont organisé une série d'expériences, en français (lecture et questions de compréhension) ou en maths (exercices d'arithmétiques). À partir d'un objectif de base, correspondant à une performance moyenne antérieure des élèves, on augmentait la difficulté des séances de travail (espacées de quelques jours) de 25 %, 50 % ou 100 % (c'est-à-dire deux fois plus difficile dans le dernier cas). Trois types d'élèves ont été observés en fonction de leur performance au fil des trois séances. Certains élèves ont sans cesse progressé atteignant environ 70 % de la performance moyenne de départ. Cependant, ils ne correspondent qu'à un tiers de la classe. Un deuxième tiers d'élèves se révèle être en baisse lors de la troisième séance (par rapport au niveau atteint lors de la séance 2), tandis que les autres élèves ont un score plus bas dès la deuxième séance (tableau 2).

Tableau 2
Répartition d'élèves de CE2 en fonction de leur niveau initial dans une situation de demande excessive (d'après Ehrlich et Florin, 1989)

	En hausse	**En baisse < à séance 2**	**En baisse < à séance 1**	**Total**
Élèves forts	4			4
Élèves moyens	4	4	4	12
Élèves faibles		5	3	8

D'après les résultats scolaires antérieurs, les auteurs découvrent que les élèves en hausse sont les élèves les plus forts. Sur les élèves moyens, seulement un tiers est en hausse, tandis que tous les élèves en baisse sont des élèves faibles. La difficulté entraîne donc la résignation, le découragement.

4. Compétence et autodétermination

Les recherches sur la résignation apprise ont amené deux grands chercheurs de la motivation, Edward Deci et Richard Ryan, à proposer la théorie de l'évaluation cognitive qui interprète les différentes motivations comme la résultante de deux besoins fondamentaux, le besoin de compétence et le besoin d'autodétermination. Si l'on traduit leur théorie sur un schéma (figure 7), la motivation intrinsèque correspond au cas où l'individu (ou l'enfant) se sent très compétent et de plus a l'impression d'avoir librement choisi l'activité. C'est ainsi que l'on remarque que les activités des passionnés, enfants ou adultes, sont presque toujours des activités librement choisies, de la collection de timbres aux jeux vidéo, des mots croisés aux sports… Il faut remarquer, à ce sujet, que la compétence est le plus souvent subjective et ne correspond pas obligatoirement à la réalité ; c'est le cas de la petite fille cousant des robes pour sa poupée avec des fils qui dépassent partout, mais qui s'imagine être une grande couturière de mode ; c'est le gâteau tout roussi dont les enfants ont fait la surprise à leurs parents, bien supérieur, naturellement au gâteau du pâtissier. L'essentiel, c'est de penser qu'on est le meilleur !

Mais dès que la sensation de compétence baisse ou que la contrainte s'accroît, ou les deux à la fois, l'enfant ou l'adulte ne font plus l'activité pour le plaisir qu'elle procure mais pour les avantages qu'elle procure : on dit alors que la motivation est extrinsèque, car elle est régulée par des agents extérieurs, appelés « renforcements ». Les renforcements sont soit les récompenses, argent, prix, bons points, encouragement verbal (c'est bien…), mais il y a aussi les renforcements négatifs, punitions, réprimandes, etc. Comme le montre le schéma inspiré de la théorie de Deci et Ryan, il y a une large gamme de motivations extrinsèques. Certaines motivations extrinsèques peuvent être bonnes, c'est le cas de l'élève ayant une bonne estime de lui-même (sensation de compétence) et qui ne se force pas trop pour aller à l'école ou au lycée ; c'est le cas du sportif professionnel qui, à l'occasion, fera une exhibition gratuite, pour le plaisir. Mais il existe aussi la gamme de motivations extrinsèques très dépendantes des renforcements, lorsque, par exemple, l'élève ne se sent pas très à l'aise à l'école et ne travaille que pour les notes. C'est la carotte et le bâton…

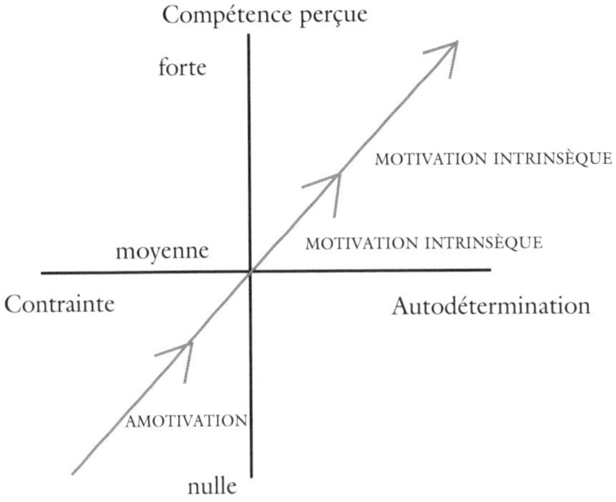

Figure 7
Les deux composantes de la motivation
(schéma inspiré de la théorie de Deci et Ryan,
d'après Lieury et Fenouillet, 1996)

Ainsi dès qu'un professeur fait sentir à l'élève qu'il est nul, ou que ses parents l'obligent à aller dans une section, celui-ci peut glisser vers l'amotivation ou même le découragement. La contrainte associée à un sentiment de nullité conduit à l'amotivation ou, en d'autres termes, à la résignation apprise. Sachant que l'institution scolaire est en elle-même une contrainte (obligation de présence, obligation des horaires, les enseignants sont imposés, etc.), la motivation est probablement très dépendante de la compétence perçue. Or les sanctions, les jugements sévères et l'ironie de certains enseignants sont autant de blessures, parfois de tortures psychologiques, infligées au sentiment de compétence et qui ont précipité plus d'un élève dans la résignation. Le philosophe Alain, professeur au lycée et chroniqueur, dénonce ainsi dans l'un de ses propos le sot pédagogue qui, rapportant le devoir d'un élève lui disait gravement :

> « Je ne vous parlerai pas de ce qu'il y a de bon là-dedans ; vous y penserez toujours bien assez. Voyons les fautes »… Combien en ai-je entendu, de ces ânes à bonnet de docteur, qui semblaient ne chercher que l'occasion d'humilier le disciple… j'en voyais d'autres, moins sûrs d'eux-mêmes, ou plus polis, ou plus tendres,

ou plus craintifs, qui avaient les larmes aux yeux lorsque ce rustaud de lettré lisait tout haut, en grimaçant, quelque phrase ridicule que le pauvre enfant avait gréée et lancée toute voile dehors... Mais les plus haïssables étaient les mathématiciens. Ils semblaient n'être là que pour découvrir en nous les signes d'une stupidité sans remède... Aussi parmi les esprits lents et timides, quel massacre !... Un sage aurait dit au pauvre enfant : « Vous voulez certainement dire quelque chose mais vous vous trompez sur les mots... » J'ai attendu bien des fois une parole de ce genre, et, il faut que je le dise, toujours en vain.

Alain, *Propos*, 1908-1919, propos n° 1286.

5. Acteur ou spectateur...

À l'école, la motivation intrinsèque pourrait correspondre aux situations où les élèves sont plutôt « acteurs », c'est-à-dire impliqués dans une tâche, comme construire un dossier, monter une pièce de théâtre, etc. La motivation extrinsèque correspond à l'élève ordinaire, qui est un peu « spectateur » du cours. Une comparaison de ces deux types a été établie dans le cadre d'une recherche action avec des enseignants d'un centre de formation pour apprentis (*cf.* Lieury et Fenouillet, 1997). Le thème du cours de gestion financière était les sociétés (SA, SARL, etc.). L'une des phases de l'apprentissage était la description d'une société prototypique, la SARL sous forme d'un jeu de rôle : cinq élèves, les « acteurs » lisaient le rôle d'actionnaires décidant de fonder une société. Afin d'évaluer les progrès réalisés, un test (QCM) était appliqué avant la séquence d'apprentissage (prétest), après la séquence d'apprentissage en fin de semaine (test S) et enfin après un stage de trois semaines en entreprise (test 3). Les résultats globaux (figure 8) se sont avérés très positifs, puisqu'une forte augmentation de la performance a été relevée pour ce cours considéré comme difficile : de 8 % lors du prétest à 46 % en fin de semaine (test S) avec un faible oubli, puisque le score au test après les trois semaines de stage est encore de 41 %.

Comme on s'y attend, les acteurs se révèlent déjà meilleurs dans le prétest, ce qui indique que le volontariat dans une activité exprime la motivation intrinsèque, résultante d'une bonne compétence perçue (bons élèves) et d'un libre arbitre (volontariat). Mais le fait d'avoir été acteurs a un effet très positif sur leur apprentissage, puisque, au cours du post-test après les trois semaines de stage, les acteurs ont un score de 80 %, alors que les « spectateurs » n'obtiennent que 30 %. La motivation intrinsèque, c'est-à-dire ici l'implication personnelle comme acteur, permet une performance élevée et stable.

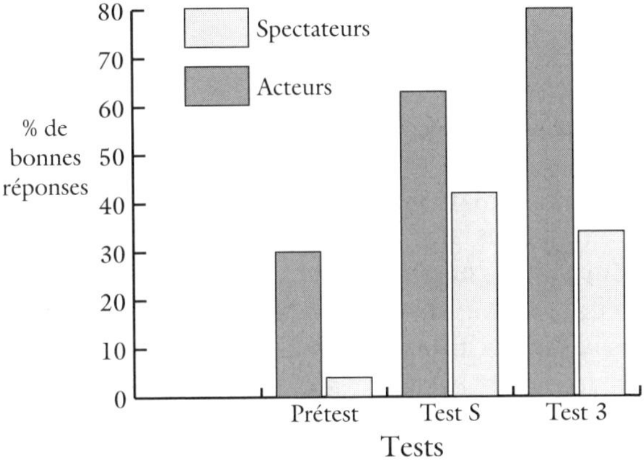

Figure 8
Effet de l'implication dans un apprentissage basé sur un jeu de rôle
(Lieury et coll., cf. *Lieury et Fenouillet, 1997)*

Sur cette base, il semble donc intéressant d'utiliser des activités susceptibles de développer une motivation extrinsèque, notamment les dossiers personnels ou collectifs, les exposés, ce que certains pédagogues comme Célestin Freinet avaient bien anticipé...

Bibliographie

• Références générales

BOUJON C., GAUX C., GREFF E., IRALDE L., LAINÉ A., PAGONI-ANDRÉANI M., PERRAUDEAU M., PULIDO L., WEIL-BARAIS A. (2004). *Les Apprentissages scolaires*, Paris, Bréal, coll. Amphi Psychologie.

FOULIN J.-N., MOUCHON S. (1998). *Psychologie de l'éducation*, Paris, Nathan Pédagogie.

GAONAC'H D., GOLDER C. et coll. (1995). *Manuel de psychologie pour l'enseignement*, Paris, Hachette.

LIEURY A. (2004). *Psychologie cognitive. Cours et exercices*, Paris, Dunod, 4e éd.

• Chapitre 1. L'enfant et l'école

FLORIN A. (1999). *Le Développement du langage*, Paris, Dunod.

LÉCUYER R. (2001). *L'Intelligence du bébé en 40 questions*, Paris, Interéditions, 2e éd.

PIAGET J., INHELDER B. (1966). *La Psychologie de l'enfant*, Paris, PUF, coll. Que Sais-Je ?

TOURETTE C., GUIDETTI M. (2000). *Introduction à la psychologie du développement : du bébé à l'adolescent*, Paris, Armand Colin.

• Chapitre 2. Mémoire et apprentissages scolaires

LIEURY A. (1996). *Méthodes pour la mémoire : historique et évaluation*, Paris, Dunod.

LIEURY A. (1997). *Mémoire et réussite scolaire*, Paris, Dunod, 3e éd.

LIEURY A. (1998). *La Mémoire de l'élève en 50 questions*, Paris, Dunod.

• Chapitre 3. Lecture et compréhension

BENTOLILA A., RICHAUDEAU F.(1989). *A.r.t.h.u.r. Un atelier pour maîtriser la lecture*, Paris, Nathan, Retz.

BENOIT H., BOULE F. (2001). « Les difficultés d'apprentissage en SEGPA. Scénarios didactiques en français et en mathématiques », *La Nouvelle Revue de l'AIS, 14*, p. 23-34.

BLANC N. (2009). *Lecture et habiletés de compréhension chez l'enfant*, Paris, Dunod.

BONJOUR E., GOMBERT J.-E. (2004). « Profils de lecteurs à l'entrée en sixième », *L'Orientation scolaire et professionnelle*, 33, 1, 69-101.

CAIN K., OAKHILL J. (2004). « Reading comprehension difficulties », in T. Nunes et P.E. Bryant (éds.), *Handbook of Children's Literacy*, Dordrecht, The Netherlands, Kluwer, p. 313-338.

CAIN K., OAKHILL J. (éds.) (2007). *Children's Comprehension Problems in Oral and Written Language : A Cognitive Perspective*, Guildford Press.

CÈBE S., GOIGOUX R. (2009). *Lector et Lectrix. Apprendre à comprendre les textes narratifs*, Paris, Retz.

CHAUVEAU G. et coll. (2003). *Comprendre l'enfant apprenti-lecteur*, Paris, Retz.

COLTHEART M. (1978). « Lexical access in simple reading tasks », in G. Underwood (éd.), *Strategies of information processing*, London, Academic Press, p. 151-216.

CONTENT A., LEYBAERT J. (1992). « L'acquisition de la lecture : influence des méthodes d'apprentissage », in P. Lecoq (éd.), *La lecture, processus, apprentissages, troubles*, Lille, PUL.

DE LA HAYE F. (1999). *La Production d'inférences au cours de la compréhension d'un texte. Étude chez des enfants de 7, 9 et 11 ans*, thèse de doctorat (nouveau régime), université Montpellier III.

DE LA HAYE F., BROUILLET D., SYSSAU A. (1998). « Effet du titre sur la reconnaissance des inférences : aspects développementaux », *Bulletin de psychologie*, L, 429, 339-348.

De La Haye F., Bonneton-Botté N. (2007). « Difficultés de compréhension en lecture : identification de procédures d'élèves scolarisés en 6e Segpa », *Nouvelle Revue de l'AIS*, *37*, 165-178.

De La Haye F., Bonneton-Botté N. (2009). « Incidence d'un entraînement à la production d'inférences sur le niveau de compréhension en lecture », in N. Marec-Breton, A.S. Besse, F. de La Haye, N. Bonneton-Botté, E. Bonjour (dir.), *L'apprentissage de la langue écrite. Approche cognitive*, Rennes, Presses Universitaires de Rennes.

Fayol M. (dir.) (2000). *Maîtriser la lecture*, Paris, ONL, Éditions Odile Jacob, CNDP.

Fayol M. (1985). *Le récit et sa construction*, Neuchâtel, Delachaux & Niestlé.

Fayol M. (1998). *Apprendre à lire*, ONL, Éditions Odile Jacob, CNDP.

Florin A. (2003). *Introduction à la psychologie du développement : enfance et adolescence*, Dunod, Les Topos.

Gaonac'h D., Fayol M. et coll. (2003). *Aider les élèves à comprendre : du texte au multimédia*, Paris, Hachette.

Goigoux R. (1994). « Six (bonnes) manières et deux (jolies) manières de décrire les pratiques d'enseignement initial de la lecture », *Les Entretiens Nathan IV*, p. 27.

Goigoux R. (2000). *Les Élèves en grande difficulté de lecture et les enseignements adaptés*, étude réalisée à la demande de la Direction de l'enseignement scolaire, ministère de l'Éducation nationale, Paris, Éditions du CNEFEI.

Goigoux R. (2003). « Enseigner la compréhension : l'importance de l'autorégulation », in D. Gaonac'h et M. Fayol (éds.), *Aider les élèves à comprendre. Du texte au multimédia*, Hachette Éducation, p. 182-204.

Goigoux R., Cebe S. (2006). *Apprendre à lire à l'école*, Paris, Retz.

Goigoux R., Thomazet S. (1999). « Les progrès en lecture des collégiens de l'enseignement adapté », *Nouvelle Revue de l'AIS*, *8*, 207-216.

GOLDER C., GAONAC'H D.(1998). *Lire et comprendre. Psychologie de la lecture*, Paris, Hachette Éducation.

GOMBERT J.-E. et coll. (2000). *Enseigner la lecture au cycle 2*, Paris, Nathan Pédagogie, coll. Les repères pédagogiques.

GORZEGNO A. ET COLL. (2008). *Stratégies pour lire au quotidien. Apprendre à inférer de la GS au CM2*, Dijon, CRDP de Bourgogne.

KINTSCH W. (1998). *Comprehension: A paradigm for cognition*, New York, Cambridge University Press.

KINTSCH W., VAN DIJK T.A. (1978). « Towards a model of text comprehension and production », *Psychological Review*, 85, 363-394.

KINTSCH W., WELSCH D., SCHMALHOFER F., ZIMNY S. (1990). « Sentence memory: a theoretical analysis », *Journal of Memory and Language, 29*, 133-159.

LÉTÉ B., SPRENGER-CHAROLLES I., COLÉ P. (2004). « MANULEX : A grade-level lexical database from French elementary-school readers », *Behavior Research Methods, Instruments, & Computers*, 36, 156-166 ; base de données également disponible sur le site Internet : http://leadserv.u-bourgogne.fr/bases/manulex/manulexbase/indexFR.htm.

MANDLER J.M., JOHNSON N.S. (1977). « Remembrance of things parsed: story structure and recall », *Cognitive Psychology, 9*, 111-151.

MURAMOTO T. (1996). « Text recall and text recognition with and without a title », *Japanese Psychological Research, 38(4)*, 240-244.

OAKHILL J.V. (1986). « Effects of time of day on the integration of information in text », *British Journal of Psychology, 77*, 481-488.

OAKHILL J.V., YUILL N. (1996). « Higher Order Factors in Comprehension Disability: Processes and Remediation », in C. Cornoldi et J. Oakhill (éds.), *Reading Comprehension Difficulties. Processes and Intervention*, Mahwah, NJ: Lawrence Erlbaum Associates, p. 69-92.

PERFETTI C.A. (1985). *Reading Ability*, Oxford, England, Oxford University Press.

PERFETTI C.A. (1988). « Verbal efficiency in reading ability », *Reading Research : Advances in Theory and Practice*, 6, 109-143.

PERFETTI C.A., MARRON M.A., FOLTZ P.W. (1996). « Sources of comprehension failure: Theoretical perspectives and case studies », in C. Cornoldi et J.V. Oakhill (éds.), *Reading comprehension difficulties: Processes and remediation*, Mahwah, NJ, Erlbaum, p. 137-165.

POTHIER B., POTHIER P. (2004). *EOLE : Échelle d'acquisition en orthographe lexicale (du CP au CM2)*, Paris, Retz.

POUCHET M., ZORMAN M. (2008). *FLUENCE*, Editions La Cigale, deux niveaux : Niveau CP/CE et niveau CM/6e/EGPA.

RÉMOND M. (2003). « Enseigner la compréhension : les entraînements métacognitifs », in D. Gaonac'h et M. Fayol (éds.), *Aider les élèves à comprendre. Du texte au multimédia*, Paris, Hachette Education, p. 205-232.

ROCQUET J.-P. (2003). *Lecture et implicite*, document disponible sur le site Internet : http://perso.club-internet.fr/fierfort/2003/lecture.PDF

TERS F., MAYER G., REICHENBACH D. (1988). *L'Échelle d'orthographe usuelle française*, Neuchâtel, MDI.

TISSET C. (1994). *Apprendre à lire au cycle 2*, Paris, Hachette Education.

VAN DIJK T.A., KINTSCH W. (1983). *Strategies of discourse comprehension*, New York, Academic.

YUILL N.M., OAKHILL J.V. (1988). « Effects of inference awareness training on poor reading comprehension », *Applied Cognitive Psychology, 2*, 33-45.

YUILL N.M., OAKHILL J.V. (1991). *Children's Problems in Text Comprehension*, Cambridge, UK, Cambridge University Press.

- **Chapitre 4. L'intelligence et la résolution de problèmes**

BERNAUD J.-L. (2009). *Les Tests d'intelligence*, Paris, Dunod, coll. Les Topos, 2e éd.

BERNOUSSI M. (1996*a*). « Genèse du nombre et du calcul », *in* A. Lieury et coll., *Manuel de psychologie de l'éducation*, Paris, Dunod, épuisé.

BERNOUSSI M. (dir.) (1996*b*). « Le nombre : avant et après Jean Piaget », *Revue de psychologie de l'éducation*, numéro spécial, Rennes, PUR.

FAYOL M. (1990). *L'Enfant et le Nombre*, Neuchâtel, Delachaux et Niestlé.

GINESTE M.-D. (1997). *Analogie et Cognition*, Paris, PUF.

HUTEAU M., LAUTREY J. (1997). *Les Tests d'intelligence*, Paris, La Découverte.

JULO J. (1995). *Représentation des problèmes et réussite en mathématiques*, Rennes, PUR.

PIAGET J. et coll. (1960). *Problèmes de la construction du nombre. Études d'épistémologie génétiques*, Paris, PUF.

PIAGET J., SZEMINSKA A. (1940). *La Genèse du nombre chez l'enfant*, Neuchâtel, Delachaux et Niestlé.

SWIATEK M.A., PERSSON BENBOW C. (1991). « Ten-Year Longitudinal Follow-Up if Ability-Matched Accelerated and Non-Accelerated Gifted Students », *Journal of Educational Psychology*, 1991, 528-538.

- **Chapitre 5. Contexte scolaire et fonctionnement psychologique**

BOUJON Ch., QUAIREAU Ch. (1997). *Attention et réussite scolaire*, Paris, Dunod.

FENOUILLET F. (2003). *Motivation, mémoire et pédagogie*, Paris, L'Harmattan.

LECOMTE P., LAMBERT C. (1991). *La Chronopsychologie*, Paris, PUF.

LIEURY A., FENOUILLET F. (1997). *Motivation et réussite scolaire*, Paris, Dunod.

TESTU F. (1991). *Chronopsychologie et rythmes scolaires*, Paris, Masson.

VALLERAND R.J., THILL E. (1993). *Introduction à la psychologie de la motivation*, Québec, Vigot.

Résultats des évaluations nationales, site du Ministère de l'Education Nationale (2007) : http://evace26.education.gouv.fr/

Qu'apprend-on à l'école maternelle ?, Nouveaux programmes, CNDP. XO Éditions, 2008.

Qu'apprend-on à l'école élémentaire ?, Nouveaux programmes, CNDP. XO Éditions, 2008.

Lire au CP. Repérer les difficultés pour mieux agir. Documents d'accompagnement des programmes, 2003. Collection « École ».

Lire et écrire au cycle 3. Repères pour organiser les apprentissages au long du cycle. Documents d'accompagnement des programmes, 2003, Collection « École ».

Index des notions

Index des noms

A

B

C

D

E

F

G

H

J

K

L

053312 - (I) - (1,5) - OSB 80° - FAB - MPN

Achevé d'imprimer sur les presses de Snel – Z.I. des Hauts-Sarts - Zone 3
Rue Fond des Fourches 21 – B-4041 Vottem (Herstal)
Tél +32(0)4 344 65 60 - Fax +32(0)4 286 99 61 — Août 2009 – 48623

Dépôt légal de la 1re édition : septembre 2004
Dépôt légal : septembre 2009

Imprimé en Belgique